# 科学营销：理念与方法

## SCIENTIFIC MARKETING: CONCEPTS AND METHODS

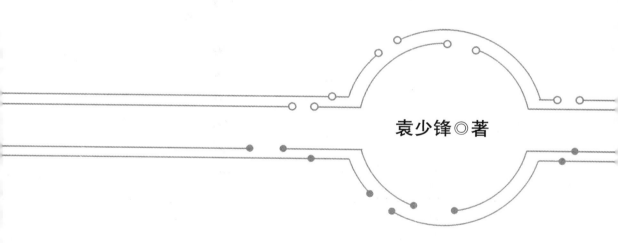

袁少锋◎著

经济管理出版社

ECONOMY & MANAGEMENT PUBLISHING HOUSE

图书在版编目（CIP）数据

科学营销：理念与方法/袁少锋著 . —北京：经济管理出版社，2020. 8
ISBN 978 - 7 - 5096 - 7418 - 5

Ⅰ. ①科…　Ⅱ. ①袁…　Ⅲ. ①市场营销学　Ⅳ. ①F713. 50

中国版本图书馆 CIP 数据核字（2020）第 151960 号

组稿编辑：张永美
责任编辑：赵亚荣
责任印制：赵亚荣
责任校对：陈晓霞

出版发行：经济管理出版社
　　　　　（北京市海淀区北蜂窝 8 号中雅大厦 A 座 11 层　100038）
网　　址：www. E - mp. com. cn
电　　话：（010）51915602
印　　刷：唐山昊达印刷有限公司
经　　销：新华书店
开　　本：720mm × 1000mm/16
印　　张：13
字　　数：215 千字
版　　次：2020 年 8 月第 1 版　　2020 年 8 月第 1 次印刷
书　　号：ISBN 978 - 7 - 5096 - 7418 - 5
定　　价：68. 00 元

# 序 言

现如今，随便问一个人："营销是什么？"我们经常得到诸如"卖产品""促销""打广告"之类的答案。根据笔者 10 年（2011～2020 年）的《市场营销学》课程讲授经历及与企业实践者的交流，大多数非管理类专业的人，对营销的理解基本上还停留在促销、销售、广告、办活动等层面。

不管是出于什么原因，人们对"营销"（Marketing）的片面或错误理解会妨碍营销学科在中国的健康发展，阻碍营销科学的基本理论和方法对中国企业管理实践的有效指导。实际上，营销科学的本质与内容范畴远远大于人们的一般理解。基于这样的背景，2014 年下半年，笔者脑海中产生了一个念头：能否以相对通俗易懂的语言写一本诸如《营销的本质》之类的书，通俗地讲清楚"营销"到底包含哪些主要内容、营销到底是什么，以改变人们对营销的偏见或错误理解，至少改变笔者身边非营销专业的学生、朋友、企业实践者对营销的认知和理解？2015 年初，正好赶上笔者所在学院出台文件，资助教师出版专著，于是便毫不犹豫地申报了。

后面的情况是，申报容易，但写起来太难了。当时的期望是写出市场营销学的本质，写得通俗易懂，兼顾理论与实践。实际动手写作时，发现自己的能力、水平、阅历太有限，于是在学院要求的交稿日期基础上一拖再拖，一直拖到2019 年底才算完成初稿。当然，拖延的原因一方面是通过多轮次（2015～2019 年每年两轮）、多层次（面向本科生、学术型研究生、MBA 学员）的《市场营销学》课程讲授，积累素材、经验、体会和反馈；另一方面，深入开展一些市场营销领域的学术研究，强化对营销领域前沿的认知和理解。

虽然拙作在学术上并没有 100% 达到初始期望，但书中每一句、每一字都是笔者认真思考之后写出来的。2020 年初，笔者战战兢兢地准备把书稿提交给经济管理出版社，准备过程中发现《营销的本质》已经有同名书，于是结合书稿主要想表达的内容——营销的核心理念和科学方法，以及 2019 年学校和学院鼓励录制的线上"慕课"《科学营销：理念与方法》，决定将书名改为《科学营销：理念与方法》。

本书从当前中国情境下人们对营销的种种片面理解（第一章）开始，阐述了营销的本质和营销科学的内容逻辑（第二章），从企业战略的视角讲述了应该如何看待营销（第三章）、现代科学营销应该秉承什么样的理念（第四、第五章）；然后，基于科特勒科学营销理论体系的"理解市场和顾客—STP—4P"框架，阐述了框架中每部分涉及的一些关键科学问题（第六、第七章）；最后，针对移动互联时代的新趋势，讨论了一些营销战略与策略需要进行的创新（第八章）。

本书的定位是：介于通俗读物和经典市场营销学教科书之间的一本兼顾通俗与专业的书籍；一方面，比较通俗地介绍科学营销的基本理念、内容范畴和方法；另一方面，介绍经典市场营销学的专业框架体系（科特勒科学营销体系）。

当前的中国经济正处于由"高速增长"向"高质量发展"转变的重要时期。习近平总书记指出，要"推动中国制造向中国创造转变、中国速度向中国质量转变、中国产品向中国品牌转变"。我们的企业如何向"中国创造""中国质量"及"中国品牌"转变呢？深刻地理解并践行科学营销的理念与方法，有助于实现这一目标。希望本书对读者科学理解营销的本质、更理性地践行营销管理实践能够有所帮助。

本书在五年的写作过程中，得到了辽宁大学商学院领导和同事们的大力鼓励和支持，感谢您们！同时，感谢妻子的鼎力支持，使我能够专心写作。本书参考吸收了大量国内外学者的思想和观点，尤其是参考了清华大学郑毓煌教授的诸多观点，在此表示衷心感谢！还要感谢经济管理出版社的工作人员，尤其是张永美编辑为本书出版所付出的辛勤努力。由于本书力求简洁、通俗和易懂，参考文献标注难免有疏漏，对此表示歉意。最后，书中难免有欠妥之处，敬请各位专家、读者批评指正。笔者邮箱：shaofengyuan@ qq. com。

袁少锋

2020 年 8 月 18 日于沈阳

# 目　录

# 1 人们对营销的误解

## 1.1 你如何理解营销

在中国，随便问一个人："营销是什么？"人们一般会给出如下理解中的一种或几种。

第一种理解：营销就是"卖东西"，或者就是"销售"。很多公司将销售岗位称作"营销代表""营销顾问"，反映的就是人们对营销的这种理解。

比如，某市场顾问公司在其"营销代表"职位的招聘信息中，将该职位描述为："①通过电话沟通等方式进行酒店产品销售，包括客房、宴会厅、健身中心等项目；②通过对产品特性和顾客需求的分析能对顾客进行引导性销售，并能维护好客户关系。"根据该职位描述，营销代表的工作就是销售。此外，很多房地产企业将售楼处叫作"营销中心"或"营销体验中心"，同样反映了企业对营销本质的理解，即销售，售卖实体产品或服务。

出于好奇，笔者查阅了一下《在线汉语字典》对"营销"的解释，为"经营销售"。也即认为营销主要就是做销售。

第二种理解：营销就是"做广告"。人们在日常生活中，每天都能接触到大量的广告。乘坐电梯时会看到电梯间的广告，如"×××净水机，看得见的过滤，品得出的口味"；"××旅拍，想去哪拍就去哪拍"。乘坐公交车或地铁时看到公交站亭、公交车内、地铁站台、地铁车厢内的快餐、药品、服装、地产等行业的平面广告。打开收音机，就能听到融合各种地域腔调的汽车、房产、酒店等的广告。打开电视、视频网站，同样能看到几乎所有行业的各类视频广告。以至于人们调侃：电视里不再是"电视剧、综艺节目里插播广告"，而是"广告里插播电视剧、综艺节目"。这"逼迫"着国家广播电视总局发布如下公告："播出电视剧时，可以在每集（以 45 分钟计）中插播 2 次商业广告，每次时长不得超过 1 分 30 秒。其中，在 19：00 至 21：00 播出电视剧时，每集中可以插播 1 次商业广告，时长不得超过 1 分钟。"

除了依托传统媒介和传统方式的广告，在当今的"移动互联"时代，企业也创新性地通过"段子"或"软文"，在微信等移动社交平台上进行广告宣传。如 2014 年山东蓝翔高级技工学校，依托谢霆锋和王菲的"复合"娱乐新闻报道，设计了如下"段子"：

2000 年，当第一次公开恋情，王菲 31 岁，谢霆锋 20 岁，王菲的年龄是谢霆锋的 1.55 倍。转眼到了 2014 年，如今两人破镜重圆，王菲 45 岁，谢霆锋 34 岁，王菲的年龄是谢霆锋的 1.32 倍。①求两人年龄倍数与公历年的时间序列收敛函数、收敛域及收敛半径。②这件事给张柏芝和李亚鹏留下了巨大的心理阴影，求阴影面积是多少？③如果用挖掘机填补阴影面积，那么请问，挖掘机技术哪家强？

并且在招生和开学之际，玩起了所谓"蓝翔体"：

"同学们，咱们蓝翔技校就是实打实的学本领，咱们不玩虚的，你学挖掘机就把地挖好，你学厨师就把菜做好，你学裁缝就把衣服做好。咱们蓝翔如果不踏踏实实学本事，那跟清华、北大还有什么区别呢？"

以上段子和"蓝翔体"在微信朋友圈被大量转发，并且成为人们茶余饭后聊天的话题。结合该技校此前的广告语"挖掘机技术哪家强，中国山东找蓝翔"，人们自然知道这是蓝翔技校的广告手段。相比传统广告，这样的广告方式不让人反感，吸引力强，人们觉得"好玩"而主动进行转发或评论；并且最重要的是，对企业而言这样的广告宣传几乎是"零成本"。因此，很多业内人士都感叹：蓝翔的"营销技法"确实高明。

人们每天都能接触到海量的广告，再加上广告造就了众多的商业神话，如

20 世纪 90 年代的 "爱多 VCD" "三株口服液"，以及后来的 "脑黄金" "脑白金" 等。结果使人们认为，营销就是巧妙地打广告，吸引消费者。

第三种理解：营销就是 "推销"。比如一位律师对营销的理解是："针对某一产品的特性，分析相应的受众群体，通过传统的方式或者现代的媒介将产品推销出去。"一位快递员对营销的理解是："简言之，就是通过专业途径推广所提供的服务和产品，使业绩量最大化。"一位经济学硕士研究生对营销的理解是："营销是在充分认识到自己想要推广的产品的优缺点、特色等的基础上，通过一定的途径（如广告），向目标客户群体推广自己产品的一种市场活动。"

较大比例的人持有上述对 "推销" 的理解，认为营销就是找准产品或服务的优点，推销给需要或不需要的顾客。现实中，消费者经常禁不住诱导，购买很多不必要的商品。

第四种理解：营销就是 "搞各种促销活动"。比如，商场、超市等在重要节假日会搞诸如 "庆祝元旦，喜迎新年，全场真皮女鞋 65 元起，真皮男鞋 80 元起" "圣诞狂欢夜，全场 5 折起" 之类的活动。在公司周年的时候搞诸如 "三周年店庆，共享盛惠，全场 3 折起" "风雨 30 年，挑战疯狂惠" 等促销活动。一次与辽宁某百货商场的一位营销总监交流时，他直言不讳地指出："我平常的主要工作就是搞各种促销活动，有节日时依托节日搞，没有节日时人为地创造节日也要搞。"

事实上，不仅是地域性商场营销总监如此思考，现如今在中国日益火爆的 "双十一" 实质上不也是人为创造的节日吗？每年的 11 月 11 日实质上没有文化或社会意义，其纯粹是以阿里巴巴集团为代表的电商企业人为打造的 "购物节"，利用人们 "贪便宜" 的心理或者心理学上的 "交易效用"[①] 激发消费者的购买欲望。2019 年 "双十一"，仅 "天猫" 一家电商的成交金额就达到 2684 亿元。

除了依托节假日的促销活动，企业还绞尽脑汁设计各种吸引顾客的促销活动。据《扬子晚报》2014 年 5 月 8 日报道，南京江北一家楼盘就搞起了 "跳远

---

① 交易效用指一件商品的参考价格即标价减去实际销售价格的差额会给消费者带来的效用。差额越大，效用越多。

打折"的活动：顾客跳得越远，得到的折扣越多。结果吸引了大量市民参与，当然多数人只"跳"出了 5000 元的优惠，极少数高手"跳"到了 10000 元的优惠额。

第五种理解：营销就是"忽悠顾客"。现代市场体系中，顾客与商家对于产品或服务所掌握的信息是不对称的。人们常言的"买的没有卖的精"就反映了这一点。基于此，就有人认为营销就是忽悠顾客，利用顾客对产品或服务不完全了解，片面夸大产品或服务的优点，回避缺点，借此达成销售。

一些销售人员为了追求业绩，不考虑购买后可能出现的顾客不满和抱怨，采用"忽悠"的方式诱导消费者做出购买决定。并且有些销售人员在网络社区里大言不惭地指出："营销人员不但要学会忽悠，而且还要善于忽悠；营销策划中的'忽悠'也是一种能力、一种水平、一种智慧、一种艺术，能'忽悠'成功，达到目的，就营销策划本身而言，就是成功的，'忽悠'也就是值得肯定的"，并还总结了自己的"忽悠秘诀"。

以上是我们生活中的普通人，甚至包括一些从事营销相关工作的人对营销的理解。那么，学界和业界的大咖们又是如何理解营销的？结合生活中的观察及媒体的一些报道，我们进行了分析。

# 1.2 "大咖"们如何理解营销

2015 年，由国家自然科学基金委管理科学部、武汉大学经济管理学院等单位主办的"2015 营销科学与应用国际论坛"上，F 处长在谈及营销科学领域申请"自然科学重大项目"时，特意提及申请题目不能写"×××营销科学问题研究"，而应该写成"×××行为决策科学问题研究"，并指出，如果拟成前一个题目，申请标书送到国家自然科学基金委重大项目评审专家手里，他们会认为是与"卖东西"相关的问题。言外之意，重大项目的评审专家也认为营销就是"卖东西"，与"卖东西"相关的问题能有什么重大问题？这样的拟题难以获得评审专家的认同和支持。

不仅业界"大咖"对营销有片面理解，商界"大咖"们对营销的理解也并不全面。以近年来飞速增长的小米科技公司为例，小米科技公司联合创始人、总裁林斌在接受采访时曾说："大家认为小米的成功就是因为小米的市场营销、推广做得好，我觉得这其实是对小米最大的一个误解"，"其实从创办第一天起，小米要做的就是一家科技公司。"

小米科技公司创始人雷军在接受媒体采访时，也表达过"小米只做产品，不做营销"的论断：

"我原来误入迷途，极其迷恋营销。我做小米以后，花90%的时间在战略和产品上。因为我想透了，真正好的产品自己会讲话，用户会口口相传。所以我在做小米手机营销的时候就提了一个要求，我们能不能试一下，完全不做营销，不投广告费，也不怎么做大规模的公关，也不怎么做线下活动，只办一场发布会。"

虽然本人也是小米公司的支持者，在小米手机、红米手机、小米电视上的花费超过万元，但是不得不说，不管是雷军还是林斌，对营销的理解也是片面的。他们共同的观点是小米注重产品、注重科技创新，不在乎所谓的营销。但殊不知，科特勒经典营销"STP - 4P"理论框架首先强调基于环境分析制定合适的营销战略，即在环境分析的基础上做好市场细分（Segmentation）、目标市场选择（Targeting）和产品定位（Positioning），然后通过"4P"组合，即产品（Product）、定价（Price）、渠道（Place）和促销（Promotion）去追求营销战略目标的实现。

设计符合顾客需求、顾客喜欢的产品本身就是营销管理的重要内容。"只做产品，不做营销"的论断显然是片面的。根据雷军的论断，他对营销的理解也就是"做广告""开展公关活动"和"线下搞活动"。这些内容都是"4P"组合的第四个"P"涉及的内容。

很多人说小米主要靠所谓"饥饿营销"获得成功，其实这也从侧面反映了小米公司产品设计的优秀之处。如果没有符合顾客需求的产品设计、出色的产品品质和较高的性价比，顾客对你的产品或服务根本不感兴趣，何谈"饥饿"？小米公司设计了符合消费者需求的产品，相比竞争对手保持了较高的产品和服务品质，创造了较高的产品性价比，这才让中国消费者对其产生巨大的需求，需求得不到充分满足时才会产生"饥饿"。

国内消费者为什么不对国内生产的马桶盖、药品、电饭煲等产品形成"饥饿"需求？为什么要去日本等海外国家"疯狂扫货"？本质上还是产品和服务品质发挥着决定性作用。近年来，国家为了应对产能过剩、内需不足、国人纷纷赴海外扫货，提出了"供给侧结构性改革"，本质上就是倡导设计符合国人需求的产品，提高产品和服务品质，提升产品性价比。小米公司不过是走在了改革的前面。

此外，"小米"之所以能够从 2010 年 4 月创立，到 2014 年 10 月 30 日便成为仅次于三星和苹果公司的全球第三大智能手机制造商、中国大陆市场智能手机领导者，很大程度上还要归功于其践行了营销学极力倡导的"以顾客为中心"的理念。小米"为发烧而生"的理念也印证了这一点。该理念的内涵就是小米基于"发烧友"（忠实顾客）设计手机，并以低价向他们出售手机。小米的创新体现在"MIUI"智能手机系统上，而该系统的先进性或优势就来源于广大的用户。到 2014 年 7 月 1 日，小米形成了 7000 万的 MIUI 用户群。到 2019 年，MIUI 每月活跃用户达到 2.42 亿[①]。每隔一段时间，小米公司都会推出 MIUI 的新版本，而系统升级的想法则来自于"号召上百万人提意见"。

如果不践行"以顾客为中心"的理念，不断地从顾客那里收集海量产品优化与改进的想法，收集 MIUI 系统的不足与建议，想必小米公司的产品也难以让人"饥饿"，小米公司也不会有如此快速的发展。

"小米手机的操作系统 MIUI 每个星期会发布一个新的版本，每一个版本毫无例外地都是在用户的意见上做出修改。在小米的论坛上，像开源社区一样，有几百万的米粉帮着小米一起完善产品。如果没有这些'朋友'的帮忙，小米自己的研发力量很难将系统做到这么好。"

"在小米，不仅产品创意要听用户的建议，售后服务也要为用户着想。小米不惜重金投资在全国的小米之家的建设上，虽然小米之家的规格和档次与苹果公司还有差距，但在中国手机厂商里已经是非常规范并且规模最大的售后服务中心了。"

---

① https://baike.baidu.com/item/北京小米科技有限责任公司/3250213？fromtitle＝小米公司 &fromid＝6920940&fr＝aladdin#1_10.

雷军在接受媒体采访时如是说。

在当前的中国社会，无论是普通人还是业界"大咖"们，对营销还存在理解片面的问题。很多人的理解还停留在"卖东西""打广告""搞促销活动""推销"甚至"忽悠顾客"的层面。这里需要说明的是，这些理解都与营销相关，但不是营销的全部，更不是营销的本质。营销的范畴远远大于上述任何一种理解，也大于上述几种理解的综合。营销的本质也不是简单的把东西卖出去、推销出去，更不是忽悠顾客。

## 1.3 误解营销的后果

片面地理解营销，会在以下几个层面造成消极后果。

### 1.3.1 微观企业层面

片面地理解营销会使企业的经营和管理活动聚焦于短期内的"吸引顾客"，而忽视长远的"保留顾客"，或者根本不在乎顾客需求与顾客权益，最终导致企业经营的不可持续。将营销片面地理解为"卖东西""打广告""搞促销活动""推销"或"忽悠顾客"，这样的营销管理会使企业追求在短期内快速地吸引顾客的注意，借此获得销售量的快速增长，进而获得所谓的快速成功。

20 世纪 90 年代以来，大量民营企业基于对营销的这种理解，在较短的时期内获得了大量的顾客和销售额的迅猛增长，但最终结果是以企业破产甚至相关企业家锒铛入狱收场。

20 世纪 90 年代著名的"爱多 VCD"就是遵循这样的发展轨迹。1995 年，没有读过几年书，很早就出来"跑码头"的胡志标看上了刚进入中国的 VCD 播放机，认为销售这一产品在当时的中国一定会有前景，于是在当年的 7 月 20 日，自己 26 岁生日的那天成立了广东中山爱多电器公司。"爱多"这个名称来源于当时张学友的一首流行歌曲《每天爱你多一点》。胡志标没读过多少书，但是有过人的商业天赋，这主要体现在他对广告的理解和利用上。

1995 年 11 月，"爱多"在广东当时著名的报纸《羊城晚报》上，以包下一整版的方式连续做了一个月的广告，而广告只有两个字——爱多。这样的广告吸引了大量广东人民的注意，也吊足了广东人民的胃口：爱多到底是什么？紧接着，"爱多 VCD"产品及一系列的配套宣传跟进。结果，"爱多 VCD"很快成为广东著名品牌，销售量也快速增长。

尝到甜头后，胡志标迅速将目标瞄准全国市场，并开始在中央电视台做广告。当时，胡志标将千辛万苦贷到的几百万元留下一部分买原材料，剩下的都一股脑儿投进了央视，买下 CCTV - 5"体育新闻"播放前的 5 秒标版，这也是央视的第一条 VCD 广告。

1996 年夏天，胡志标拿下上海市场，并完成了全国第一轮推广运动。紧接着，他又找到了著名武打影星成龙拍广告、做代言。当时成龙开价 450 万元，这几乎是"爱多"公司的全部利润。胡志标一咬牙，成龙生龙活虎表演的广告片"爱多 VCD，好功夫"拍出来了。带着这个广告片和 8000 多万元经销商的筹资款，胡志标又争得了中央一套"天气预报"后的一个 5 秒的标版。巨额的广告投入让"爱多"公司获得了高额的回报，1997 年，爱多的销售额从前一年的 2 亿元一跃升至 16 亿元。

不满足于央视一套"天气预报"后的广告，1997 年 11 月，"爱多"公司又以 2.1 亿元标价击败所有竞争对手，勇夺央视 1998 年的"广告标王"。一切看似顺风顺水，但是拿下央视广告标王之后，"爱多"开始走下坡路。

原因其实简单："爱多"巨额投入的广告宣传，迅速做大了整个 VCD 市场，结果很多潜在竞争者进入 VCD 行业。1996 年开始，随着"爱多"的崛起，国内在一夜间冒出了上百家 VCD 制造工厂，都想分一杯羹。

然而，VCD 行业不是什么高技术行业，当时中国生产的 VCD 都是靠标准零部件组装，产品本身的品质和功能难以实现差异化。而"爱多"巨额的广告投入毕竟要分摊到每一件产品中。这样"爱多 VCD"在产品品质上不能优于行业竞争者，而价格上由于巨额广告费用的分摊不占优势。结果，市场份额逐渐被竞争者蚕食。2000 年 4 月，胡志标因涉嫌经济犯罪被拘捕。随后，"爱多"商标被拍卖，"爱多"公司走向彻底的失败。

不仅仅是"爱多 VCD"，1995 年的央视首届"广告标王"孔府宴酒曾经依托"喝孔府宴酒，做天下文章"等广告，红遍大江南北。然而，1997年媒体曝出，鲁酒从四川酒厂收购原酒进行勾兑，间接导致鲁酒陷入"勾兑丑闻"。加上川酒的崛起，使孔府宴酒的市场迅速萎缩。直至2015年2月，法院公告称，山东孔府宴有限公司因资不抵债，宣告破产。

1996年、1997年连续两年的央视"广告标王"秦池古酒经历了与"孔府宴酒"类似的辉煌，但最终也走向了灭亡。类似的还有后来的"夏新手机""熊猫手机""波导手机"等，当时都请著名影星、歌星代言，在电视台投放巨额广告，在短期内获得了极高的销售额和利润，然而最终都离开了人们的视线，走向破产的结局。

上述企业都有一个共同的特点：火箭式成功、火箭式失败。短时间内通过广告成为家喻户晓的品牌，大获成功，但很快又轰然倒塌。为什么会这样？原因就是，企业认为营销就是"打广告""搞促销""忽悠顾客"，短期内靠广告和明星效应吸引大量的顾客购买，却并不重视产品和服务品质，忽略长期的顾客价值与顾客满意，更别谈顾客忠诚。

企业在广告和明星代言方面巨额的投入确实能在"吸引顾客"方面产生显著效果，短期内促进顾客的大量购买，但是如果企业不重视产品和服务的质量，顾客在第一次购买之后，发现产品质量有问题，服务水平也不高，自然不会再有后续的重复购买。也就是说，顾客能被"忽悠"一次或两次，但绝不会被"忽悠"三次或更多。并且，如果顾客在购买后认为产品和服务品质不符合预期，感觉到"被忽悠"之后，还会进行负面口碑的传播。在当下社交媒体兴起、消费者被极大赋能的环境下，更是如此。

众多中国企业认为产品销售出去了，营销工作就结束了，向来不善于或者根本不重视顾客口碑的管理。读者可以试想一下你购买了一件有质量问题的产品并试图退货的经历。哪家企业或商场非常痛快地帮你退货，且整个退货过程让你满意？事实上，售后顾客满意度的监控与管理，特别是售后投诉的管理，对企业打造良好口碑、改进产品质量、提升经营管理水平至关重要。

据美国汽车行业调查，一位通过口头或书面向企业提出投诉的顾客，会伴随有约25位感到不满但保持沉默的顾客，然而这25位顾客平均每人会向身边的约10位亲朋好友传播企业的"恶名"，这10位亲朋好友中，约有33%会把企业的恶名再传播给其他 20 个人。即每一位向企业表达投诉的顾客背后，有 326 位（$25 \times 10 + 10 \times 33\% \times 20$）对企业不满的顾客。

这样的计算还是在传统媒介环境下进行的。在当今的社交媒体环境下，一个不满顾客在社交媒体上的"负面报道"，就可能通过"点对面"式的传播，让全世界知道企业的"恶名"，进而让企业遭遇严重损失甚至倒闭。例如，2018 年的"云南白药牙膏"，因为一位名叫"博雅医生"在微博上的一份质疑，遭受重大的股价、销售、声誉损失。2018 年的"天津权健"，因为"丁香医生"在微博上举报，很快遭遇破产。

然而，目前中国的现实是，众多企业仍然不重视售后的投诉管理与改进。很多企业在面临与顾客的纠纷时，甚至表现出"不差你这一个顾客"的态度。殊不知，一个明确表达不满的顾客背后，还有超过 300 位不满的顾客。不差一个顾客，难道不差 300 个吗？再优秀的企业、再优秀的产品与服务，顾客数量又有多少个 300？此外，一个极端不满意的顾客，如果通过当下的社交平台发起网络报复，甚至可以让企业倒闭。

可见，企业对营销的理解不仅要关注短期内如何快速吸引大量顾客，还得通过产品和服务品质的提升、积极口碑的塑造，留住顾客。当今中国的现实是，以"保健品"经营企业为代表的众多企业，甚至包括一些互联网企业，仍然在走"爱多 VCD""孔府宴酒""秦池古酒"等的老路。

### 1.3.2　宏观经济层面

一个经济体如果普遍地对营销存在片面理解，会使越来越多的企业关注短期内的顾客吸引和短期内销售的快速增长。这样会造成整个宏观经济体出现市场供给产品和服务的品质不高、宏观经济内需不足甚至"劣币驱逐良币"等问题。

事实上，众多中国企业经营者，特别是民营企业家"迷恋"他们所理解的片面营销，希望通过广告、推销、促销活动等的投入，快速地获得所谓的商业成功。这样的企业经营管理导向和急功近利的心态，必然导致企业不重视产品质量和服务水准，甚至主动掺假、制假。近年来发生的系列产品质量和服务问题就印证了这一论点。如奶制品行业的"三聚氰胺"事件（三聚氰胺是一种以尿素为原料生产的氮杂环有机化合物）、"皮革奶事件"（主要添加物为皮革水解蛋白粉，是利用皮革下脚料甚至动物毛发等物质，经水解而生成的一种粉状物）、"工业明胶酸奶事件"（工业明胶是一种从动物的结缔或表皮组织中的胶原部分水解出来的蛋白质），火腿行业的"瘦肉精事件"（瘦肉精为肾上腺类神经兴奋剂），调味品行业的"苏丹红事件"（苏丹红是一种具有致癌性的工业染料），餐饮行业的"地沟油事件"，保健品行业的"塑化剂事件"（塑化剂为一种叫作邻苯二甲酸酯的添加剂）……

即使是当今全球最大的电商企业阿里巴巴集团，也不断遭受"假冒伪劣"产品的困扰。虽然每年"双十一"购物节，阿里巴巴的电商平台能够获得巨额成交额，不少国人还为之振奋，然而，作为在美国上市的公司，阿里巴巴高额的成交量不仅没有刺激其股票价格上涨，反而呈现下降趋势。从美国时间 2015 年 11 月 9 日，也就是周一开盘 83.44 美元，一直跌到 11 月 11 日的收盘价 79.85 美元，跌幅 4.3%。投资人对阿里巴巴主要的一个质疑就是假货问题。甚至有外媒声称"双十一"为中国最大的"假货节"。阿里巴巴的"遭遇"，反映出"中国制造"总体质量水平不高的现状。

不仅仅是实体产品质量不高，以旅游为代表的服务行业也存在各种问题。2018 年的黑龙江雪乡"宰客事件"，2016 年 2 月全国人民关注的"哈尔滨天价鱼事件"，2015 年 10 月爆发的"青岛大虾事件"，还有此前曝光的"丽江酒托""三亚宰客事件"等，都反映出国内服务行业的品质亟待提高。

随着收入水平的不断提高，人们对产品和服务的品质要求越来越高。因此，在中国经济领域出现了广大人民群众对产品和服务品质的要求不断升高，而国内企业产品和服务质量不高的矛盾，于是出现了国内市场需求不足，而国人纷纷赴国外旅游、疯狂购买的尴尬局面。2017 年，党的十九大报告甚至明确指出："我国社会主要矛盾已经转化为人民日益增长的美好生活需要和不平衡不充分的发展之间的矛盾。"

内需方面，《经济学原理》一书中告诉我们，经济增长的"三驾马车"是消费、投资和净出口。在中国，消费对 GDP 的贡献一直远低于欧美发达经济体。居民消费率（居民消费占 GDP 比重）从 2000 年的 46% 下降到 2010 年的 34%。尽管对于统计因素导致消费率低估的问题存在争议，但我国居民消费率显著下降，并大幅低于国际平均水平仍然是不争的事实。

外需方面，亚马逊中国发布的《2015 跨境电子商务趋势报告》显示：2015年，中国消费者在亚马逊全球站点购物花费总额同比 2014 年增加了 6 倍多；仅 2015 年 1 ~ 10 月，中国消费者在亚马逊海外站点的购物花费总额已经相当于过去 20 年的总和。另外，2015 年中国境外消费金额达到 1.2 万亿元，其中奢侈品消费达到 1168 亿美元，中国游客被称为"行走的钱包"。从 2012 年开始，中国大陆出境游人数和购买能力已经连续多年居世界第一位。

为什么一方面内需不足，另一方面国人赴海外疯狂购买？根本的原因是国产产品和服务的质量不符合消费者的要求，并且消费者购买假冒伪劣产品、权益受到侵害后得不到有效的保护。结果，消费者纷纷开始"用脚投票"——赴海外购买。

著名经济学家周其仁先生也表达了类似的观点：

"现在的市场对品质出价了，现有产品的品质满足不了内需，你知道现在有多大鸿沟？看看国外代购、海淘流行、进口消费品猛增就可以明白，那些东西我们都不会造吗？大部分都会造，就是品质上差那么一点点，这一点点在现在的市场看来就差大了。中国人到日本，不光买马桶盖，连'白色恋人饼干'都每人限购 5 盒；北京新光天地的地下超市，国内中高收入家庭的食品消费动向，90%以上是进口货，阿根廷的水果、德国的猪肉，应有尽有，再不发动一场提升品质的革命，中国的过剩产能将越来越多。"①

### 1.3.3　营销学科发展方面

全社会对营销的片面理解或偏见，还抑制了营销学科的教学和学术研究的发展。很多父母对营销的片面理解，直接影响孩子在高考后对营销专业的选择。不少父母直接指出：营销不就是卖东西吗？卖东西有什么好学的？他们认为营销没有社科类的"会计学""经济学""法律"等专业"高大上"，更没有理工类的"土木工程""应用物理学""应用化学"等专业"尖端"。

于是，各大高校特别是理工类高校都出现了营销本科专业招生人数不够的情况，少数高校还面临"停招"的窘境，以至于西安某"985"理工类高校市场营

① http：//www. rmlt. com. cn/2017/1211/505507. shtml.

销系的老师在"营销学者群"发起了"营销专业该如何走下去"的讨论。

他们面临的主要困境或忧虑是：学校优势学科集中在工科类领域，管理学院营销本科专业虽然有着15年左右的办学历史，但一直面临着学生对专业信心不足、热爱不够的问题。营销专业几乎面临生存危机。学院虽然采取了专业教育、新生研讨等各种沟通措施，但学生普遍对营销专业不认同，不愿意从事与营销有关的职业和研究工作，所以选择转专业，以至于营销专业老师都发出了疑问：营销专业是不是没有存在价值和生存空间？

可以想象，该"985"高校存在这样的问题，其他非"985"工程或非"211"工程类高校面临的问题更加严重。一些普通高校的教师在讨论时都表示：营销专业的招生趋势并不太好，在选择管理类专业时，学生更多地选择会计学、财务管理等。

当然，出现这一问题的原因可能还与整个大社会环境有关系：毕业生更愿意从事"价值分配"类的工作（如公务员、财务管理），而不愿意从事相对辛苦的"价值创造"类的工作，如营销。也可能与高校营销专业课程设置有关系，相比会计学、财务管理等专业，营销专业的课程内容相对空洞，学生认为用处不大。但现实中更多的情况是，很多人在不了解营销的情况下，就自以为是地对营销专业发表意见。这就导致整个社会对营销学科、营销专业存在严重的偏见，进一步影响了各高校营销专业的招生和培养。

针对营销专业是否真的没有价值的疑问，这里的回应是：国外著名商学院本科专业最具有生命力的三个专业是营销、会计、金融。当然，营销学科也需要根据环境的变化进行变革与发展。比如，在美国硅谷 Santa Clara 大学任教的某教师指出，她所教的营销专业的学生在硅谷非常抢手，主要原因是她们的营销专业纳入了更多数据分析的内容，而硅谷的公司非常需要懂数据分析的营销学生，本科、硕士、MBA 都是这样，结果还出现了学生为了等她所负责的"营销分析"（Marketing Analytics）这门课程而推迟毕业的情况。因此，国内营销学科也应该结合企业的需求调整课程设置，引入营销分析或营销工程类课程，以及当前移动互联背景下传统企业的"互联网化"转型、商业模式创新等教学模块。

# 2　营销是什么

## 2.1　营销是"吸引"和"保留"顾客的学问

上一章分析了当前人们对营销的各种片面理解及由此导致的后果。人们不禁要问：营销到底是什么？为了帮助人们更好地认知和理解营销的本质，笔者借鉴清华大学市场营销系郑毓煌教授的提法，认为营销是"吸引顾客"和"保留顾客"的学问。

"吸引顾客"就是企业通过广告、推销、促销等营销沟通，引起消费者对企业产品、服务、品牌的注意和兴趣，进而促进消费者购买。众多中国企业的营销活动主要停留在这个层面，它们善于通过各种广告、各种活动吸引消费者注意，并引发消费者购买。"今年过节不收礼，收礼只收脑白金"虽然连续十年被评为"十大恶俗广告"，但其地毯式轰炸宣传，让脑白金到 2014 年为止销售额超过100 亿元。哈药集团的"盖中盖""补血口服液""三精葡萄糖酸锌口服液""钙加锌""新盖中盖"等，依靠在央视的疯狂广告，让全国人民熟知，同样引发消费者上百亿元的购买金额。

实际上，中国企业在通过各种广告、促销活动"吸引顾客"方面，已经做得比较优秀。然而营销除了吸引顾客，还有一个非常重要的内容：保留顾客。也即通过各种营销沟通手段，把顾客吸引过来后，如何把他们留住？这对于寻求可持续发展、期望做"基业长青"的企业而言，更加重要。顾客被吸引购买一次后，后续如何让他们不断地重复购买，这才反映企业真正的功力和水平。对希望做"基业长青"的企业而言，"保留顾客"比"吸引顾客"更加重要。短期内的"顾客吸引"可能创造短期内的"销售神话"，但长期的"基业长青"神话必须要靠"保留顾客"的能力去创造。

如何才能保留顾客？需要企业真正做到"以顾客为中心"，向顾客提供高品质、高性价比的产品和服务，基于此为顾客带来高的感知价值，创造顾客满意和顾客忠诚。

接下来通过对美国零售企业Costco（好市多）的案例分析①，进一步深刻理解营销的本质："吸引"和"保留"顾客。

Costco是美国第二大（第一是沃尔玛）零售商、美国最大的连锁会员制仓储量贩店，它的门店主要集中在美国，少量门店分布在加拿大。虽然知名度没有沃尔玛大，但Costco却是沃尔玛非常害怕的竞争对手，因为其顾客增长率和顾客满意度都远超沃尔玛。

关于Costco，小米公司创始人雷军接受媒体采访、提及小米公司的学习对象时，多次提及Costco的"质优价廉"。股神巴菲特也多次提及Costco的"种种好处"。国内商界"大咖"和国外投资"大咖"都如此看好Costco，说明它一定有过人之处。Costco的过人之处体现在哪里？清华大学市场营销系博导郑毓煌进行了总结：

（1）优质。

（2）低价。

（3）高质量服务。

提及"低价"，你可能会说，沃尔玛、家乐福、乐购等都是低价。没错，这些大的零售店在低价上做得非常出色，为了凸显自己是真的低价，还纷纷做出承诺：针对同一款商品，如果发现本市其他商超价格比本店低，将给予3倍或5倍差价赔偿。在"低价"方面，Costco没有什么出奇之处。然而在"优质"上，

---

① 本部分内容参考：营创学院微信公众号文章"Costco开业半天爆满停业，三大成功秘诀值得所有中国企业学习"。

上述提及的沃尔玛等竞争者则无法与之比较。沃尔玛等售卖的商品一般是大众化的商品，而 Costco 针对每一种售卖的商品，都会精挑细选，并且每一款商品并不会提供太多选择，但每一次呈现的 2~3 个选择都是非常优质的。"优质"且"低价"，自然是顾客购买时最想要的。

例如，2019 年 8 月 27 日，在上海开业的 Costco，茅台酒只卖 1498 元，同款产品在市面上已经炒到 3000 多元；五粮液也只卖 919 元，也远低于市场价。

又如，网友分享的关于 Costco 的例子："我健身需要的某品牌蛋白粉 2.5 磅在亚马逊网站上买需要 60 美元，但是在 Costco，5 磅的只需 28 美元！一年吃 4 桶，光蛋白粉这一种就把会员费省回来了。"

至此，你可能会问，优质低价怎么赚钱？Costco 优秀的运作模式有效应对了这个问题，它主要不靠商品销售赚钱，而是靠会员费。Costco 是仓储式超市，所有想去 Costco 购物的人首先要成为其会员。Costco 的会员分为执行会员和非执行会员，非执行会员中包含金星会员和商业会员。两者的区别在于，执行会员要交 110 美元的年费，而非执行会员只交 55 美元的年费，执行会员有资格在一年内享受消费总额 2%，最高 750 美元的返现，以及一部分保险优惠。非执行会员除了可以进场消费，还能额外带人进去。在中国上海的第一家 Costco 门店，开业前的优惠会员费是 199 元，开业后的正常会员费为 299 元。

这种模式的结果是：2014 年 Costco 的会员费收入是 24 亿美元，而货物利润在 10 亿美元左右。2016 年，Costco 的货物销售净利润 23.5 亿美元，会员费收入 26 亿美元。

另外，当交了一笔会员费成为会员后，顾客的心理还会发生微妙的变化：在那个商场交了钱成为它的会员，如果不去购物就亏了，一定要多去、多买，把所交的会员费赚回来。Costco 很好地掌握了顾客的这一心理，提供的商品质量又确实非常高，而价格则非常低，因而 55 美元或 110 美元的会员费对大多数消费者而言并不是一笔很大的费用。依靠这一模式，Costco 吸引了大量顾客的大量购买甚至过量购买。会员们都希望把缴纳的那笔会员费用到极致。

对此，某网友说道："Costco 也卖休闲服装，不少是品牌服装，如 adidas，但价钱却是白菜价；有次 Costco 卖意大利产的纯 merino（美利奴羊毛）男士羊毛衫，只要 29 美元，我一口气给我爸买了六件。"

如果有顾客因过量或冲动购买而想退货怎么办？这又涉及 Costco 第三个高明之处：至高无上的服务。从它的退货政策我们就可见端倪。美国的零售业允许顾客无理由退货，期限一般为七天、一个月或三个月。Costco 不仅允许顾客无理由退货，允许退货的期限也非常长。例如，某中国网友提到："早期的时候他那里的耐用品一年之内都可退，我有同事每年在他那里免费换一个新款 GPS。"可能是为了应对消费者类似的不合理退货，Costco 最近将耐用品退货期限调整为 90 天。

　　优质的商品、超低的价格、卓越的服务，顾客还有什么理由拒绝 Costco？Costco 的会员续费率达到了惊人的 90%，而升级为执行会员的人达到了 38%。90% 的续费率意味着什么？意味着你顾客的回头率是 90%，或者说 90% 的顾客对 Costco 是非常满意的。并且根据 Costco 的财务报告，Costco 会员费以每年 2 亿美元的幅度在增长。这样的增长率和高的顾客满意度，难怪令巴菲特、芒格、雷军等都称赞，同时也令消费者着迷，一个消费者写道："每次去 Costco 肚子和车都是满满的！用户黏性太大了，不去就不开心，花钱停不下来……现在回国，Costco 简直是我努力出国的一切理由。"

　　Costco 靠优质的产品、极具吸引力的"性价比"及卓越的服务吸引并留住了大批顾客，并依靠顾客的积极口碑不断地吸引和留住更多的顾客。这从它的会员费增长额、顾客续费率都可以看出来。Costco 的成功经营很好地践行了"吸引顾客"并"留住顾客"的科学营销理念。

## 2.2　"保留"比"吸引"更重要

　　营销是关于如何"吸引"和"保留"顾客的学问。这里想进一步强调："保留"老顾客一定程度上比"吸引"新顾客更加重要。理由如下：

　　首先，"保留"老顾客的能力才真正是企业可持续发展的能力，是企业"基业长青"的保障。将企业的主要精力放在如何"保留"顾客上，会将企业的经营管理导向长期。而将主要精力放在如何"吸引"顾客上，则会将企业的经营管理导向短期。

纵观近代中国民营企业发展的历史，很多企业在"吸引"顾客上做得优秀，并在短期内取得惊人的业绩，然而"保留"顾客的能力是它们的"短板"，或者它们根本没有将注意力放在如何"保留"顾客上，最终的结局是企业"火箭式成功、火箭式失败"。"爱多 VCD""孔府宴酒""秦池古酒""夏新手机""熊猫手机""波导手机""三株口服液"等都是如此。

因此，"保留"顾客的能力，即持续地为顾客提供高感知价值（高品质、高性价比的产品和服务）的能力，才是企业长期获得竞争优势、实现可持续发展的根本保障。短期内通过大量的广告、促销宣传等"吸引"顾客的能力，只是企业前行最初始的驱动力。企业要想长期持续地顺利前行，还需要"保留"顾客的能力来为企业不断地注入动力。

企业将主要注意力放在如何"保留"顾客上，会促使企业不断地思考如何改进产品和服务、优化企业的运营管理流程，为顾客提供高感知价值的产品和服务，基于此不断地为顾客创造卓越价值，同时实现企业的可持续发展。近年来苹果公司的快速发展正是遵循这样的逻辑。

其次，注重"保留"顾客能为企业带来更好的经济效益。成本方面，营销领域的研究表明，"保留"或维系老顾客的成本只有"吸引"新顾客成本的1/5左右。开发新顾客需要拜访客户的人工费用、交通费用。众多行业还需要公关费用，如就餐、宣传资料、邀请潜在客户参观项目、体验产品等发生的费用，还可能需要承担由于潜在客户不熟悉产品而发生的费用（如企业先行垫付）或风险。开发新的客户需要在信息沟通、条款协商、双方建立信任关系、达成交易上耗费大量的费用和时间。

而针对老顾客，由于双方之前有过交易的经历，双方对彼此较为了解，企业要想针对老顾客达成再次交易，在信息沟通、条款协商和建立信任等方面需要耗费的成本和时间相对小很多。这一点在工程项目及其他 B2B 市场交易中表现得更为明显。

例如，N 咨询公司经理坦言，该公司同 A 客户第一次合作，就在双方接触、洽谈、建立信任、具体展开业务合作之间耗费了大量的费用和时间（开发新客户的成本）。双方在做了一个项目之后，增进了相互的了解和信任。结果，在项目结束后的某个下午，该经理和 A 客户的董事长和总经理只谈了一个下午，就达成了下一个项目的合作协议。

收益方面，着眼于"保留"顾客的发展思路，会促使企业建立同顾客互惠互利的长期关系，这会提升顾客的忠诚度。忠诚的顾客会更多地购买企业的产品和服务，并主动推荐企业的产品和服务，这会极大地促进顾客对企业的产品或服务的需求，随之促进企业经营业绩的提升。

实际上，在当前的市场经济体制下，商品种类繁多，买卖双方对于商品存在信息不对称的情况，由此消费者经常会面临决策困难的局面。此时，老客户的推荐作用不可低估。相比于企业的介绍，一个有购买意向的顾客更加愿意相信身边亲戚、朋友、同事等的推荐。关于顾客口碑的效应，业界流传的经验是：一个满意的顾客会引发八笔潜在的交易，这八笔潜在交易中至少会有一笔成交。在"线上"交易情境中，顾客积极口碑对交易的促进效应会被进一步放大。

以上分析说明，从经济利益的角度做好老顾客的"保留"工作会显著促进企业销售，且只会占用企业很小的维护成本，因而会极大地促进企业经济效益的提升。

再次，做好顾客"保留"工作，还会培育积极的口碑效应。在当前的经济环境下，正面的口碑比以往任何年代都显得重要。现代企业都有强烈的宣传、推广意识，稍有经济能力的企业都会在广告、赞助、促销等活动上进行大量投入，因此，消费者接触到的广告、促销、宣传信息日益增多，而人每天的注意力有限、信息处理能力有限，因而在"信息爆炸"的时代，广告等商业推广信息对人的影响力降低。而如果企业专注于"保留"顾客，建立和顾客之间互惠互利的长期关系，着力打造高品质、高顾客感知价值的产品和服务，会创造顾客满意与忠诚。满意的、忠诚的顾客会在日常生活中、微信朋友圈、网络论坛上，分享其愉悦的消费经历、产品使用体验等，这会形成关于企业和产品"口口相传"的积极口碑效应。

消费者主动的口碑传播，会比传统的商业广告等信息宣传更有效。消费者对商业广告等是被动的认知和处理，在口碑上则是主动的认知与处理。在影响消费者方面，主动的信息认知与处理显然会比被动的方式更有效。

最后，如果企业专注于"吸引"顾客，忽略"保留"顾客，会导致消极口碑效应，消极的口碑会抑制企业发展。在移动互联网时代，消极口碑对企业发展的抑制效应同样会被无限放大。

# 2.3 营销的"艺术性"与"科学性"

在中国，一谈及"营销"，很多人会认为它是一门关于销售、广告的艺术。所谓营销的"艺术性"，指针对不同的产品、不同的企业或不同的行业背景，销售、广告、公共关系等营销活动涉及的策略是不同的。例如，不同的产品有不同的销售技巧或策略：销售矿泉水有销售矿泉水的策略，销售商品房则有售楼的策略……"艺术性"强调的是营销相关活动策略的不可复制性。与之相对应的是"科学性"，科学规律、原理是具有可复制性的。

相比"艺术性"，营销更具有"科学性"。关于营销是一门"艺术"的论调，根本上还是由于对营销相关活动背后的运作规律或原理缺乏深入认识。举两个例子进行说明。

第一个例子是曾经在网络上有一篇非常火的文章，叫"月薪3000与月薪30000文案的区别"。其中有一段关于加多宝凉茶的分析，月薪3000元的文案人员设计的宣传语是："比防上火的中药更好喝——同样具有防上火的功能，但是加多宝比那些防上火的药要好喝多了。"月薪30000元的文案人员设计的宣传语是："饮料好喝，还能防上火——比起其他饮料，不只是好喝，更具防上火功能。"从营销"艺术性"的角度来讲，两种不同的文案设计是设计人员个人聪明才智的反映。月薪30000元的文案人员被认为更具有创造性或艺术性，他（她）们设计的宣传语更能吸引消费者的注意，更能引发消费者的购买欲望。

然而上述关于加多宝的第二种文案设计难道没有科学规律可遵循吗？其中的科学规律难道不能被复制到其他产品的宣传文案设计中吗？答案显然都是否定的。这其中涉及当前学者们讨论非常多的议题——产品或品牌定位。第一种文案将加多宝定位成了防上火的药，而第二种文案则将其定位成具有防上火功能的饮料。第一种定位，人们会联想到"是药三分毒"；而第二种定位"防上火的饮料"则弥补了市场的空白，因为此前的饮料市场尚未有定位为"防上火"的饮料。

上述加多宝第二种文案设计蕴含的科学性是：一种新的产品在进行宣传语设计时，需要基于顾客心智进行精准的定位，即阐述产品和品牌能为顾客带来的核心价值。通过定位，在顾客大脑中为现有竞争对手定位，在此基础上找到一个尚未被占据的有价值的位置，然后通过一致性的营销沟通向顾客传播该定位（产品能够带来的核心价值），借此赢得顾客和市场。

第二个例子是近年来发展非常快速的产品——劲酒。其近几年的成功源于优秀的广告语：劲酒虽好，可不要贪杯哟。在课堂上讲到这个广告语，只要说出"劲酒虽好"，学生们基本都能接上"可不要贪杯哟"，说明这个广告语已经深入人心。笔者本人并不是一个白酒类爱好者，看了几次劲酒的这个广告语，也不禁去超市买两瓶回来尝尝。为什么一个广告语能让一个非酒类爱好者情不自禁也去买两瓶尝尝呢？难道仅仅是广告设计师的创意或艺术性发挥作用？背后有没有什么科学规律、科学原理可以遵循？

劲酒广告所遵循的科学规律，就是引发消费者和品牌的"情感共鸣"。著名品牌管理学者凯勒（Kevin Lane Keller）在其《战略品牌管理》（第3版）一书中提出了"基于顾客的品牌资产金字塔"（见图2-1），品牌建设的最高层级就是引发消费者和品牌的"共鸣"。

虽然凯勒的"金字塔"模型中，"共鸣"指顾客对品牌在态度与情感上的认同与喜爱，以及行为上的支持，但劲酒公司的"劲酒虽好，可不要贪杯哟"的口号实现了与众多顾客之间的"情感共鸣"——适量饮酒更好。其他酒类公司的宣传都是鼓励人们多买、多喝，而多买多喝的后果就是"酒喝多伤身"。相比其他公司"不顾消费者身体健康"的功利营销沟通行为，劲酒公司则是在说自己"酒好"的同时，扮演了一个"劝诫者"的角色：我劲酒虽然好，容易让人"贪杯"，但是为了你们消费者的身体健康，我劝你们还是不要多喝。这种宣传既表达了自己的酒好，同时也是第一个劝消费者"少喝"的广告，所以引起了众多消费者的注意和情感共鸣。这样的共鸣，反而激发了众多潜在顾客的注意和支持行为。

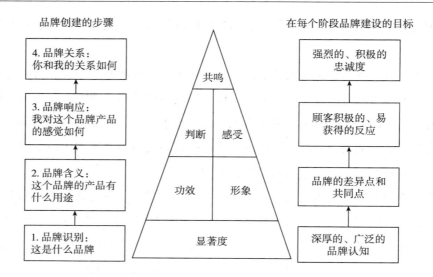

品牌创建的步骤　　　　　　　　　　　　　　在每个阶段品牌建设的目标

4. 品牌关系：
你和我的关系如何

3. 品牌响应：
我对这个品牌产品
的感觉如何

2. 品牌含义：
这个品牌的产品有
什么用途

1. 品牌识别：
这是什么品牌

共鸣

判断　　感受

功效　　形象

显著度

强烈的、积极的
忠诚度

顾客积极的、易
获得的反应

品牌的差异点和
共同点

深厚的、广泛的
品牌认知

**图 2 − 1　基于顾客的品牌资产金字塔**

资料来源：凯文·莱恩·凯勒. 战略品牌管理（第 3 版）［M］. 卢泰宏，吴水龙译. 北京：中国人民大学出版社，2009：59.

　　另外，成功的品牌资产塑造强调三个"度"：知名度、美誉度、关联度。前两个好理解，众多中国企业在广告上的巨额投入，就是希望快速地构建知名度，让大家都知道本企业的产品、品牌，好比个人成为"名人"。产品和品牌的知名度构建后，如果产品质量、服务、公司信誉等方面都表现不错，慢慢就会形成美誉度，好比个人由"名人"变成受大众喜欢的"美人"。接下来的"关联度"，即产品和品牌的功能利益或价值主张与消费者的关联程度，在品牌塑造时常被忽视，而这正是品牌强化心理战的关键，好比让某个"美人"成为大家的"亲人"或"爱人"。

　　酒类产品作为消费者生活中的非必需品，要强化品牌，提升品牌资产，与消费者之间的"关联度"显得尤为重要。笔者 2013 年秋季学期在北京大学市场营销系访学，听了导师彭泗清教授的《消费者行为》课程，他总结了人们喝酒的五种情境：

　　（1）怀才不遇，事业受挫；

　　（2）孤单，情感受挫；

（3）追求一些东西，得不到；

（4）沧桑（年老时候）回忆；

（5）终于得到了一些待遇，但不自由了。

显然，以上情境都与人的情绪、情感密切联系。也就是说，人们喝酒一般都是在表达某种情感或情绪，也即绝大多数时候，人们喝的不是酒本身，喝的是"悲伤""高兴"或"沧桑"。劲酒公司的上述广告宣传，在一个社交的场合、感情表达的场合，道出了"劲酒虽好，可不要贪杯"，遵循了品牌强化的关键：与顾客消费的关联度。

与白酒相关的另一个品牌——江小白近几年的"火爆"，也反映出建立与顾客的某种心理上的关联至关重要。江小白的定位是："与其让情绪煎熬压抑，不如任其释放"的"情绪饮料"。喝江小白能放大我们的情绪，能让积极情绪（幸福、快乐、激情等）表现得更淋漓尽致，让消极情绪（孤独、悲伤、恐惧、沮丧）发泄得更猛烈①。

无论是劲酒公司还是江小白，营销沟通都遵循了品牌资产构建的"共鸣"最高原则，在具体的做法上，较好地做到了产品与品牌的价值主张与人们消费动机的高度关联，借此构建了较高的关联度，进一步赢得了顾客的关注、喜爱与支持。

## 2.4　忽略营销"科学性"的后果

不注重营销的"科学性"，即不遵循营销科学基本原理，导致严重后果的企业决策不胜枚举。首先来看看"霸王凉茶"的例子。

"霸王洗发水"是洗发水行业非常牛的一款产品。行业人士指出，论"乌发"，宝洁都比不过它。霸王洗发水突出强调中药成分——首乌，并积极强化首乌的乌发和育发功能，由此吸引了大量顾客，"霸王洗发水"也因此创造了非常

---

① "江小白"官网，http://www.ijovo.com/.

优秀的销售业绩。

2010 年，霸王公司看到凉茶市场的王老吉赚得盆满钵满，萌生了进军凉茶业务的念头。霸王公司的决策逻辑是：王老吉和加多宝的核心卖点是基于中药成分的"预防上火"功能，而霸王产品的核心卖点也是基于中药。生产王老吉的广药集团能做凉茶，我霸王为什么不能做？霸王公司认为自己具有进军凉茶市场的技术和研发能力。而且，凉茶饮料人们天天都可以喝，而洗发水消费者一个多月才买一瓶，凉茶这种快速消耗品应该更容易挣钱。

于是，2010 年 4 月，霸王投资数亿元推出了霸王凉茶，并于 2010 年 6 月正式上市，同时配套了明星代言、大量的广告投放等投入。具体地，其邀请了功夫影星甄子丹作为产品代言人，推出了"霸王凉茶、好喝有回甘""霸王凉茶、清甜有回甘"等广告语，并在江苏卫视、湖南卫视等电视媒体投放了大量的广告，且在广告中突出自己"中药世家"的背景。

然而，这一雄心勃勃的投资计划维持了三年多的时间之后，终因凉茶业务经营不理想而在 2013 年 7 月终止生产和销售。霸王凉茶为什么会失败？

很明显，霸王的凉茶投资决策违背了科学营销的一条基本原理：品牌延伸时，要让消费者感觉到延伸的新产品和原先的母产品之间相互匹配。具体地，匹配包括产品相关属性和利益、非产品相关属性和利益（如与使用情境或用户类型相关）[①]。而霸王凉茶和霸王洗发水匹配吗？答案不言自明，喝的饮料与洗头发的洗发水无论是在产品相关属性和利益上，还是在非产品相关属性和利益上，都难以让消费者感知到匹配。

不匹配、不遵循品牌延伸科学原理的后果就是：消费者喝着霸王凉茶，却总有股洗发水的味道。于是，就有了"霸王 3 年半亏掉 13.8 亿元，多元化受阻砍掉凉茶业务"的报道[②]。

在《市场营销学》课堂上跟学生讲到这个例子的时候，有位学生课后不禁问道："老师，霸王公司这么大一家企业，为什么会犯这么低级的错误呢？"我的回答是："他们没好好学习市场营销学。"这一回答看似开玩笑，其实众多的

---

① 凯文·莱恩·凯勒. 战略品牌管理（第 3 版）[M]. 卢泰宏，吴水龙译. 北京：中国人民大学出版社，2009：467.

② http：//money. 163. com/special/view408/.

中国企业有多少认真了解或学习过营销的基本原理、基本规律呢？特别是一些民营企业，不仅不去学习，接触到一些研究者或学者时，还动不动就给对方扣上"学院派"的帽子，言外之意"学院派"是无用的。

现代科学营销的第一步就强调要了解市场和消费者，任何的营销决策制定前要进行充分的市场调研。试想一下，霸王公司在正式上马凉茶业务之前，找哪怕十几名消费者做个简单的访谈，或者拿着霸王凉茶到市场上让消费者试喝一下，然后问问他们的感受，我想极有可能就会问出霸王凉茶的洗发水味道。

一个投资数亿元的新业务决策做这点工作应该是非常容易的事情。从"霸王凉茶"的最终命运来看，霸王公司似乎并没有做这样的工作，抑或是基层有人存有异议，但迫于高层的压力或者为了迎合高层而不敢提出。不论是前期没做访谈或调研，或者是做了后相关结论没有被高层采纳，都反映了霸王公司营销决策的不科学性。不尊重科学，就要付出代价。

除了投资决策的不科学，缺乏营销科学性的审视还会导致不科学的品牌命名、不科学的品牌翻译、不科学的包装、不科学的广告等。

（1）不科学的品牌命名。笔者曾参与过某大型化工企业的新产品品牌命名工作。按照科学性原则，新品牌命名需要遵循的步骤是：界定目标—命名—初步筛选—备选名称调研—确定最终名称。当初我们按照这个思路制定了命名方案，结果到了合作企业，对方提出在大概一个月后向市场推出新品牌产品，因此要求10天内确定最终名称。10天内确定一个新品牌名称给人感觉就像儿戏。最终的做法是发动企业市场部、销售部及笔者所在的顾问团队成员，大家拍脑袋想新品牌的名称，"想"出来几个后，公司讨论一下最终确定一个名称。一个可能涉及公司未来生存与发展的重要决策就这样草率地决定了。

哪怕不完全遵循品牌命名的基本步骤，在公司内部"拍脑袋"想出来几个备选名称后，至少也应该拿到市场上，以结构化（问卷）或非结构化（访谈）的调研方式征询一下消费者的意见，看看不同的名称有哪些积极或消极的联想、寓意有什么不妥等。

（2）不科学的品牌翻译。与品牌命名相关的还有外国品牌的中文翻译。将英文品牌翻译成中文一般有三种译法：

- 音译，如 KRAFT 翻译成卡夫；

- 意译，如 Microsoft 翻译成微软；
- "音 + 意"译，如 Colgate 翻译成高露洁。

研究表明，消费者最喜欢"音 + 意"翻译，名称读起来朗朗上口，还有丰富的寓意。如将著名快餐品牌"SUBWAY"翻译成"赛百味"，"Coca Cola"翻译成"可口可乐"。品牌名称翻译得好，深受消费者喜欢，对其销量的提升、品牌资产的提升都有巨大的促进作用。

然而，不遵循品牌翻译的科学性可能导致负面的结果。如将本田公司的高档汽车品牌"Acura"翻译成"讴歌"，不熟悉的人还可能将其当作中国某个小民营汽车企业的产品。外国品牌甚至一些中国品牌在中国经营，都希望起一个非常洋气的名字来吸引顾客。而"讴歌"则是一个非常地道的本土化名字，人们不禁会联想"讴歌了什么"。相比同档次的丰田公司的"雷克萨斯"、日产公司的"英菲尼迪"，本田公司的"讴歌"给人感觉逊色多了。结果就是，"讴歌"在中国大陆的销售量非常惨淡。

还有国际著名的香皂品牌"LUX"，在中国翻译成了"力士"。其 1986 年就进入中国市场，起初占据市场领导地位，1992 年 3 月"Safeguard"（舒肤佳）进入中国，硬生生将"力士"从霸主的宝座上挤了下来。要知道当时在技术、产品质量、包装、广告等方面，力士都要超过舒肤佳。后者之所以能后来居上，很大程度上要归功于其更具有亲和力的品牌名称。相比较而言，力士则显得男性化和生硬。要知道，在中国，香皂的购买者一般是家庭主妇，相比"力士"（大力士、汉子……），"舒服""佳"更让她们有积极的、好的联想，因而更容易赢得消费者的青睐。

（3）不科学的包装。中国石化收购了西藏的"易捷·卓玛泉"。按理来说，卓玛泉"来自西藏念青唐古拉山脉海拔 3700 米的史前冰川，是经长时间岩层自然过滤后形成的高原天然冰川水"，具有很高的品质。但是其瓶装水包装上则出现了"中国石化"字样。说到"中国石化"，消费者会联想到什么？石油、汽油、化学、化工产品……联想到这些，你还会想喝它的水吗？即使卓玛泉真如它宣传的那样，具有很高的品质，但一切能让消费者将其和"石油化工"联想到一起的举措，都是不科学的。这些举措除了瓶装水的包装，还有其销售终端：中国石化加油站。

消费者都会倾向于联想，心理学的"晕轮效应"就反映了人们的这种倾向。人们会根据对被评价者某方面特征的印象或评价对其不相干的其他特征进行评价。即被评价者某方面特征给人留下的印象，就像一个光环或光晕笼罩在其身上，人们会据此形成对该人或该物其他特征的评价和印象。过去的生活经历让消费者形成了对"中国石化"的印象：石油加工者、汽油提供者、化工产品经营者等。一旦其推出"矿泉水"，并让消费者看到或想到"中国石化"，显然不利于其销售。将人喝的水和汽车用的汽油联想到一起可能也会让人想到汽油味吧。

因此，"中国石化"想要在多元化业务"矿泉水"上挣钱，达到挣钱的目的就好，不一定非得要在矿泉水上出现"中国石化"字样。当然，其可能是想告诉消费者：这水是中国石化这个特大型国有企业经营的，很牛！但这可能只是其一厢情愿，消费者可能并不喜欢。

（4）不科学的广告。研究表明，一定程度的广告重复可以更容易让消费者记住品牌，从而提升消费者的品牌态度和购买意愿。然而，如果重复次数过多，则会过犹不及，让消费者产生厌恶情绪，想必很多消费者还记得2008年春节期间恒源祥推出的"羊羊羊"的广告。当时，该广告以重复12遍的形式播出，整个广告长达45秒。这个广告确实会让人记住，会实现品牌资产的第一个维度：知名度。然而，当在电视上总听一个字多次重复的时候，消费者会是什么感受？当让消费者产生反感情绪的时候，是有了知名度，但损害了美誉度。驱动消费者持续购买广告产品的，知名度恐怕不是决定要素，美誉度才是。

现如今，一个字多次重复的广告不再多见，但一个广告语多次重复仍然在广告中常常见到。同样的道理，重复会引起消费者的反感和厌恶情绪，在当今商业信息爆炸的环境中更是如此。所以，那些寄希望通过重复广告提升消费者认知的企业应该重新审视自己的广告决策。

以上分析意味着：企业在做营销决策时，不能草率"拍脑袋"，而要进行充分的论证和调研。论证是分析相关决策的理论可行性，调研是在理论可行的基础上，对市场和消费者反应的试探。在论证和调研都较为充分的基础上，决策成功的概率才会大。

## 2.5 营销科学的内容逻辑

分析了那么多成功或失败的例子，非营销专业的人可能会问，那营销学科的内容逻辑是什么？下面引入阿姆斯特朗（Gary Armstrong）和科特勒（Philip Kotler）在《市场营销学》（第9版）中提出的市场营销过程的简要模型（见图2-2）。

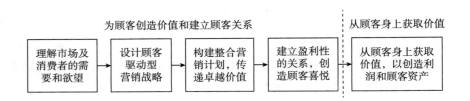

**图2-2 市场营销过程的简要模型**

资料来源：加里·阿姆斯特朗，菲利·科特勒. 市场营销学（第9版）［M］. 吕一林等译. 北京：中国人民大学出版社，2010：7.

营销管理过程的第一步，就是要理解市场及消费者的需要和欲望。实际上，战略和营销领域的经典文献基本一致地认为：密切关注市场、关注顾客已经表达出来和未表达的需要和欲望，并且比竞争对手更有效率地满足顾客的需要和欲望，是企业获得竞争优势的根本①。

上文分析的众多不注重营销科学性的例子，关键的问题就是忽视了对市场和消费者的了解。企业的任何营销决策，最终的行为都得面向市场和顾客，获得市场和顾客的反应，如喜欢 vs. 不喜欢、购买 vs. 不购买，基于此获得市场结果，如市场份额、销售额、利润率、顾客忠诚度。2016年1月，奥美全球总裁 Miles Young 在清华大学经济管理学院的讲座上直言不讳地指出：中国企业几乎不在市

① Slater S. F., Narver J. C. Customer–led and Market–oriented：Let's Not Confuse the Two［J］. Strategic Management Journal，1998，19（10）：1001–1006.

场研究上花钱。这导致中国企业对外国市场和消费者缺乏洞察和理解，对国内的市场和消费者需求的变化也缺乏深刻理解。

深入地理解市场和消费者，需要企业定期或不定期地开展客户和市场调研，需要高效地管理营销信息和客户数据，把握市场格局，深刻理解消费者欲望和需求，深刻掌握市场未来走势和消费者需求变化的趋势，只有这样，才能保障营销决策的科学性，做引领行业发展的先锋。

我们强调，深刻理解消费者的需要和欲望，是企业开展营销管理及其他管理工作的必要前提。无论是开发新产品，还是企业上马新项目，抑或进行新的促销推广活动等，都需要首先思考消费者的需要和欲望是怎样的？消费者（目标顾客）是怎样想的？

如果能有这样的战略理念，就不会有前文提到的"霸王凉茶"项目的上马。如果上马"霸王凉茶"项目之前，哪怕是找来几名消费者，开一个简单的座谈会，"霸王凉茶"的"洗发水的味道"就可能被消费者"说出来"。

再比如，2019 年 7 月投入市场的"马应龙口红"（该品牌原本主要做"痔疮膏"）。我们更愿意相信，该公司推出口红产品，更多的是希望创造一个社交媒体上"炒作"的"噱头"，达到扩大"马应龙"品牌知名度的目的。有哪一个消费者会抹原来主营"痔疮膏"的马应龙口红？

又如，笔者所在的高校，有一家叫"百丰快餐"的连锁餐饮店，一直经营得不错。2016～2017 年，门店决策者不知道出于什么缘由，将旗下一家门店的店名改为"包角布"。听到这个名字，假如你是顾客，还有进去"品尝"一下的愿望吗？还好，更名一年多之后，由于经营业绩骤减，决策者又改回"百丰快餐"的名字。

无论是新产品开发、新项目上马，还是门店名称更换等管理决策，都需要先想想消费者会怎么看？多这样自我反问，企业决策者会显著降低战略决策失误的可能性。

在理解市场和顾客需求的基础上，第二步就是设计顾客驱动型营销战略。这里强调两个要素：一是营销战略；二是顾客驱动型，即营销战略的制定还是要以顾客和市场为导向。对于新创立的企业、现有企业开发新业务或者调整业务战略，都可能需要设计客户驱动型的营销战略。这一步的具体内容包括企业选择要服务的顾客，即企业要在市场细分的基础上，选择适合自己的、有利可图的目标市场。在此基础上再确定价值陈述：本企业产品和品牌具有什么样的差异化优势？产品和品牌在现有市场竞争体系中如何进行差异化的定位？

营销战略的内容就是传统营销学的 STP 框架，即"市场细分—目标市场选择—定位"的框架。

近来，有分析者基于对王老吉凉茶等案例的分析，提出战略营销应该是"定位先行"，认为根据传统的 STP 框架，王老吉做不出"预防上火"的定位。王老吉是基于竞争者分析，采用了"对立定位法"，一般的饮料只能暂时清凉解渴，王老吉不仅解渴，还能预防上火，"从而把自己和竞争品牌鲜明地隔开来，从而打入消费者的心智"①。有了这样的定位之后，一切有预防上火需求、已经上火想降火的人，都自然成了它的目标顾客。分析的最后结论是：科特勒等提出的 STP 框架存在种种弊端，"STP 已死"，战略营销应该是定位先行，然后是其他配套营销活动。

在这里，笔者想说的是，定位先行的模式在开创新品类（此前没有预防上火的饮料）、从"0"到"1"的产品创新（完全创造一种以前没有的产品）上可能是可行的。但对于占商业活动更多的成长期、成熟期的产品和业务，针对已有产品开创一个全新的定位恐怕并不具有可行性。定位先行倡导者指出："你要在顾客大脑中寻找竞争者的位置，或通过给竞争对手重新定位，从而发现一个尚未被占据的有价值的位置，再通过一致性的营销活动清晰地向顾客传播该定位而抢占之。当顾客产生相应的认知后，你的目标市场就自然形成了。"如何在顾客大脑中找到一个全新的位置？恐怕是说起来容易，做起来相当难。

针对占商业活动绝大部分比例的成长期、成熟期业务，恐怕还得遵循传统的 STP 框架来制定企业的营销战略，如本企业面临哪些细分市场（市场细分），哪些最有利可图并且我能为之创造价值（目标市场选择），我能为目标客户提供什么独特价值（差异化与定位）。

假如我是经营电动车的企业，我当然首先得思考都是哪些人在购买电动车、

① http：//mp. weixin. qq. com/s？＿＿biz＝MzI4NzAzODc5Ng＝＝&mid＝402354651&idx＝1&sn＝87c7528f1a15dc7f7af52c9bcc3bdf78&scene＝24&srcid＝0305p5FpHFh2SXZOeZstzphg#wechat＿redirect。

他们具有哪些不同的特征、他们的主要需求是怎样的（理解客户，市场细分）；针对所有的客户或潜在客户，哪些是最有利可图的并且我有能力为之服务的（目标市场选择）；基于前期对他们需求的深刻理解，我打动目标客户的主要卖点是什么（差异化和定位）。

例如，"雅迪"强调高端，其高端、高价策略吸引了很多在乎品牌与品质的客户；"台铃"强调科技领先，车只要后座上方不泡水就可以继续骑行，电路发生任何故障，启动"一键修复"功能仍可以继续骑行一段距离等。不同顾客的核心需求点不同，因而对不同的品牌表现出不同的需求。

现实情境下的消费者购买决策并不是很复杂，购买时销售代表能够让消费者相信一两个卖点，如某品牌电动车确实给人感觉高端大气、某品牌电动车确实结实等都可能让消费者最终做出购买的决定。因此，理解不同消费者的不同核心需求，掌握最容易打动目标客户群体的诉求点，据此打造产品或服务的差异点，可能是众多处于成长期、成熟期的产品经营企业营销战略的关键内容。

营销战略内容确定之后，第三步就是构建整合营销计划来传递卓越的价值，即基于传统营销的4P框架涉及的内容，将营销战略付诸实施。具体包括：产品，设计突出差异点的产品或服务，并培育、打造强有力的品牌；定价，创造真正的价值；分销，管理好需求和供应链；促销，向目标客户传递产品与服务的差异化优势（价值陈述）。

第四步是建立盈利性的客户关系，创造顾客喜悦。需要企业做到有效的客户关系管理，与选择的客户构建强有力的关系，并与客户以外的其他营销伙伴构建强有力的关系。

以上四步做好之后，自然就会来到第五步：从客户处获取价值回报，创造利润和顾客资产。这里还要求企业持续地监控与管理顾客满意、顾客忠诚，获取客户终身价值。

# 3 战略视角的营销

## 3.1 作为企业核心能力的营销[①]

清华大学郑毓煌教授指出："营销是企业最核心的能力。"不同专业领域的人，可能都认为自己专业的能力是企业的核心能力。生产运营专业的可能说运营是企业的核心能力，人力资源专业的说人力资源管理才是核心能力，研发部门的会说只有研发才是企业最核心的能力，等等。对于企业的高效运营与可持续发展而言，每个专业都有其作用，但不同的职能对企业发展的贡献存在差异。之所以说营销是企业最核心的能力，参考郑毓煌教授的相关论述，从以下两个方面进行阐述：

（1）理论方面。有"现代管理学之父"称号的彼得·德鲁克对此有过论述，他在《管理的实践》一书中这样论述[②]：

"是顾客决定了企业是什么。因为只有当顾客愿意付钱购买商品或服务时，才能把经济资源转变为财富，把物品转变为商品。企业认为自己的产品是什么，

① 本节的主要思想，参考清华大学经济管理学院郑毓煌教授关于"什么是企业最核心的竞争力"的论述，详见 http：//mp. weixin. qq. com/s？＿＿biz＝MzA5MTYyOTUyOA＝＝&mid＝200125701&idx＝1&sn＝a9c6664fa40e7f35c1ee2df3a7b9bfa5#wechat＿redirect.

② 彼得·德鲁克. 管理的实践［M］. 齐若兰译. 北京：机械工业出版社，2009：28－29.

并不是最重要的事情，对于企业的前途和成功尤其不是那么重要。顾客认为他购买的是什么，他心目中的'价值'何在，却有决定性的影响，将决定这家企业是什么样的企业，它的产品是什么，以及它会不会成功兴旺。"

"顾客是企业的基石，是企业存活的命脉，只有顾客才能创造就业机会。社会将能创造财富的资源托付给企业，也是为了满足顾客需求。由于企业的目的是创造顾客，任何企业都有两个基本功能，而且也只有这两个基本功能：营销和创新。"

顾客决定了企业的存在，不能通过卓越的产品研发、品牌管理、销售与售后服务吸引并维系顾客，即使企业有高效的人力资源管理、财务管理、运营管理等，企业的生存与可持续发展都将变得虚无缥缈。从这个意义上说，营销与创新是企业最基本的两个职能。

（2）实践方面。台湾宏碁集团创始人施振荣在其著作《再造宏碁》中提出的"微笑曲线"理论，同样支持了创新和营销是企业最根本的两个职能的论断（见图3-1）。

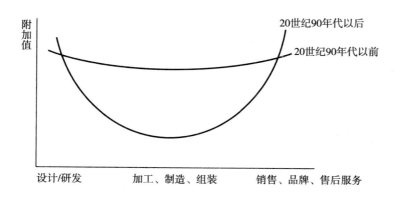

**图3-1　微笑曲线**

如图3-1所示，微笑曲线的横轴为"产业链"，代表一个行业从最初的设计、研发，到中期的原材料购买和加工、产品制造与组装，以及后期的销售、品牌维护与管理、售后服务等整个过程。纵轴表示不同产业链环节对应的附加值的高低。根据微笑曲线，在20世纪90年代以前，产业链不同环节的附加值差别不大，但90年代以后，曲线左端的"设计/研发"环节和右端的"销售、品牌、售后服务"环节（对应营销管理）所创造的附加值不断高于中间的"加工、制造、组装"环节（实体制造环节）。两条曲线相交，看似一个微笑的笑脸，所以命名为"微笑曲线"。

微笑曲线说明，20世纪90年代以后，设计/研发、营销环节所创造的附加值远远高于实体制造环节。通过两个例子可以很好地说明这一点：第一个例子是学者们经常提及的"芭比娃娃"的例子。根据美国商务部的数据，在中国制造的芭比娃娃，其在美国零售商沃尔玛的售价是9.9美元。而从中国进口时的价格仅为2美元，这其中还包括1美元的运输、管理费用，另外的1美元中，有0.65美元为原材料采购的费用。一个芭比娃娃，实体的中国制造只获得了0.35美元的辛苦费，这其中还有部分要用来抵消固定资产使用、折旧发生的费用等。

美国公司所做的工作就是前期的设计、研发，设计好图纸或样品之后，让中国公司按照它们的标准和要求购买原材料、加工、制造、组装，然后将产品运输到美国，美国公司再负责后期的销售、品牌运营、售后服务等。整个环节美国公司负责了前期的"研发"和后期的"营销"工作，中国公司负责中间的"实体制造"。结果9.9美元的价值，美国公司的回报是7.9美元，中国制造公司的回报只有0.35美元。也就是说，研发和营销环节创造了80%的附加值，而实体制造创造的价值不到5%！

第二个例子是美国苹果公司的iPod。iPod最初推出时售价为299美元，苹果公司设计研发环节的价值贡献占80美元，营销环节的价值贡献是75美元，日本东芝公司提供的硬盘价值73美元，显示模块20美元，视频及多媒体处理芯片8美元，控制芯片5美元，其他零部件34美元，中国制造价值贡献4美元！针对一个iPod，苹果公司负责的研发和营销环节创造了155美元（占比51.8%），其次是日本公司负责的硬件与软件贡献了剩下较大比例的价值，在中国的实体加工、组装部分只获得了4美元（占比1.3%）的辛苦钱。

还有辽宁葫芦岛兴城的泳装，也是如此。由于邻近渤海，兴城有大量泳装生产企业。根据中共辽宁省委党校李海鹏博士的分享，兴城的泳装只能以5欧元左右一套的价格出口给欧洲的经销商，贴上人家的标签和品牌之后，在欧洲市场的售价则达到50欧元左右。

"微笑曲线"和对应的实例分析，同样支持了研发与营销是企业最核心的两个基本职能，能够为企业带来最大的附加值贡献。实际上，优秀的苹果公司正是在研发和营销两个环节做到卓越，才创造了商业神话。研发方面，苹果一直在技术创新上引领同行。营销方面，苹果公司的品牌无与伦比，在全球拥有大量的追随者与关注者。正是在研发与营销两方面的卓越表现，让员工人数只有8万左右的苹果公司，市值能达到惊人的2.13万亿美元（2020年8月25日数据）。与之相对应，主要为各类电子产品做代工，负责加工、组装的中国富士康公司员工人数超过120万，而总市值只有1000亿美元左右。

正是鉴于研发和营销能够带来绝大部分的附加值贡献，国人和中国的企业逐渐认识到"中国制造"的不足。于是就有了近年来的各类"产业升级"和"经济转型"的呼吁与实践。中国企业在各行各业怎么升级、怎么转型？从方向上就是逐渐转移到附加值贡献高的"研发"环节、"营销"环节（主要是品牌培育与提升）。可喜的是，当前中国在各个层面上都开始强调研发，强调技术创新，提升研发环节的价值贡献。然而令人忧虑的是，"营销"环节仍然没有得到足够的重视，以至于以清华大学郑毓煌教授为代表的学者在《文汇报》和《经济导报》发出了"中国需要国家营销战略"的呼吁①。

以上分析表明，研发和营销是企业最基本、最核心的两个职能。对于企业而言，这两个职能举足轻重。

## 3.2 作为企业经营理念的营销

鉴于市场营销是企业最核心的职能，它还应该作为企业的核心经营理念而存在。作为最核心的经营理念要体现在：企业内部的每一个人都关注、重视吸引和保留顾客，因为顾客是公司唯一的收入来源，因而也是企业内部每个人的收入来源。管理大师德鲁克曾说：

① 感兴趣的读者可以通过如下链接查阅相关内容，http://www.sem.tsinghua.edu.cn/zh/zhengyh.

"事实上，由于营销扮演如此重要的角色，单单建立起强大的销售部门，并赋予营销的重任还不够。营销的范围不但比销售广泛得多，而且也不限于专业的活动，而是涵盖整个企业的活动，是从最终成果的观点来看待整个事业，换句话说，是从顾客的角度来看待企业，因此企业的所有部门都必须有营销的考量，担负起营销的责任。"①

因此，应该将营销作为企业的经营理念，贯彻到企业内部的每一个员工脑海里。

写到这里，作为在辽宁省工作的一名高校教师，不禁又想到了当前的东北经济困局，以及状况最为严峻的辽宁省（2016 年第一季度 GDP 首次为负增长（－1.3%），2016 年上半年 GDP 增速 －1%②）。国家层面、东北各省市、各专业领域都在思考：东北怎么了，辽宁怎么了？

对此，笔者的观点是：除了宏观层面的官僚主义（导致投资者不愿意来东北投资）和营商环境之外③，在企业层面，是企业发展的核心理念出了问题，最根本体现在：缺乏营销导向，不注重顾客，不重视市场。

### 3.2.1　郭教授的咨询案例

2016 年 6 月 18 日在辽宁大学商学院举办的"2016 年'互联网＋'时代中国企业管理创新国际学术研讨会"上，辽宁大学博士生导师郭燕青教授在主题演讲中，分析了辽宁某依托互联网的制造企业的战略优化与转型。在具体的案例分析中，该企业战略优化与转型就是贯彻：①以客户为中心推广"创造用户价值"的理念，借助全网营销，实施零距离用户主导型市场开发战略；②以产品为载体侧重于设计开发和营销服务的两端投入，以"零距离的用户资源管理"为核心实施轻资产的价值开发战略；③分步实施全网营销系统平台的开发战略和基于用户大数据的品牌拓展战略。并强调战略优化与调整的关键是与用户零距离、轻资产、做平台、树品牌。

郭燕青教授讲到，最初跟该企业接触，提出上述战略优化与转型思路时，企

①　彼得·德鲁克. 管理的实践［M］. 齐若兰译. 北京：机械工业出版社，2009：30.
②　http：//news. cnfol. com/diqucaijing/20160811/23252068. shtml.
③　http：//mt. sohu. com/20160416/n444491817. shtml.

业高层管理者都是举棋不定，后来实在是迫于企业生存的困境与压力，企业决策者抱着"死马当活马医"的心态，才采纳了他们提出的战略优化与转型方案，从战略、职能配合、政策支持、技术支持等方面对整个公司进行了优化与调整。结果，经过不到两年的调整，整个公司就从转型初的"经营不下去了"的状态，发展到日网络询单量（就是每天客户通过网络向公司发起交易意愿的数量）接近 100 万单的状态。

郭教授团队提出的案例企业"战略优化与转型"方案，反复强调的就是"基于用户零距离的价值创造"。以前客户想跟该企业发生商业往来，从公司网站上都很难找到联系电话，而实施了"用户零距离"的战略转型后，客户很便捷地就能实现在公司网站上的询单、下单等交易活动。正是将营销学"以顾客为导向"的理念落实到企业运营管理的实处，站在客户的角度思考企业战略与运营，才有了案例企业的"起死回生"。

因此，在市场经济异常激烈的今天，谁能将营销及营销学所倡导的"顾客导向""品牌导向"等观念作为指导企业发展的核心理念，并且将这些理念贯彻到企业的每一个部门、每一名员工，谁就能可持续发展，谁就能成为赢家。实际上，华为公司正是其以任正非为首的管理团队，数十年来一直虔诚地在整个公司倡导、贯彻"为客户服务是华为存在的唯一理由"的理念，才造就了华为公司的今天。"2019 年 Interbrand 全球品牌百强"榜单中，作为进入该榜单的唯一一个中国品牌，华为位列第 74，是中国大陆企业表现最好的企业，品牌价值 68.87 亿美元。

### 3.2.2  南北"饭店"的服务差异

实际上，除了以上分析的具有一定规模的企业外，对比分析东北和东南沿海城市的服务行业的中小企业，同样能窥见端倪。以餐饮业为例，去过深圳、广州等南方城市的饭店吃过饭的人应该能有体会，一进饭店，除了门口的迎宾员热情地说"欢迎光临"之外，客人在餐桌落座、点完餐之后，服务员会先送上来一壶开水和一个小盆。第一次去的时候我们都很纳闷，开水是喝的，为什么还要拿一个小盆。后来当地朋友说，开水不是用来喝的，是用来清洗餐具的，而小盆的用途是存放清洗之后的脏水。等客人清洗完餐具之后，服务员会再送上来一壶茶水。

而在沈阳，笔者自 2001 年 9 月来到沈阳，10 多年间各类饭店都去过一些，至今从未见过哪家饭店等客人落座、点餐之后，拿来一壶开水和一个小盆。更多看到的是客人在等菜上来前，打开塑封的餐具，然后拿服务员送上来喝的那壶水清洗碗碟。清洗之后，很多人都不知道脏水该怎么处理。稍讲究一点的人将其倒入不用的餐具里，不讲究的则直接泼洒在地面。

为什么在送一壶开水和一个小盆这个细节上，以沈阳为代表的一些东北地区的饭店不予学习？难道东北地区的饭店管理者不明白，客人在吃饭的时候有干净卫生的关注与需求？想必他们自己也经常出入各种饭店，应该知晓消费者在饭店吃饭时对卫生的高度关注。

之所以在东北地区的饭店出现这些问题，根本在于管理者并没有真正用心地关注于吸引和留住顾客，也即没有将营销作为指导饭店发展的核心理念。如果饭店管理者以顾客为导向，用心关注吸引与保留顾客，就不会出现上述细节问题，而正是这些细节损害了饭店吸引与保留顾客这一根本。

课堂上跟学生讨论这些问题的时候，南北方的同学都对饭店的南北服务差异深有体会。以深圳地区饭店为代表的一些优秀的南方饭店，把自己定位为服务者，用心地为顾客提供服务，通过各种细节、各种精心的准备传递卓越顾客价值。相对应地，跟一些东北地区的朋友聊天，发现很多饭店管理者将自己定位为"老板"，认为自己是一个或多个饭店的管理者、一定资产的拥有者，这样的定位让其自我感觉良好。殊不知，这样的定位使他们不以客户为中心，没有真正用心关注于顾客的吸引与保留。因此就有了上文提到的南北方饭店在服务质量、水平及业绩上的显著差异。

将营销作为企业的发展理念，容易将整个企业的经营与发展导向企业的外部，使企业关注于市场与顾客。这无疑会使企业密切关注市场竞争的变化、消费者需求趋势的变化，进而促进企业的生存与可持续发展。与之对应，将自己定位为"老板"或"一定资产的掌控者"，固然会使管理者自我感觉良好，会使其感觉自己很厉害。然而，这会将企业的经营与管理导向企业内部，并滋生官僚主义，使企业大部分的精力耗在了内部不同部门之间、不同人员之间的明争暗斗、无谓摩擦上，这无疑不利于企业的生存与长期的持续发展。

### 3.2.3 "小商品大世界"的购物经历

写到这里，又想到了笔者妻子的"吐槽"：2019 年国庆节某日，妻子带着孩子去沈阳"龙之梦"的"小商品大世界"——一个汇集各类生活小商品的超大型批发和零售线下商城。妻子来到一家零食档口前，打算给孩子买晚上看电影时吃的薯片。于是有了如下对话：

妻子：薯片怎么卖？

商贩：26 块钱一斤。

妻子：给我来 5 块钱的（不想让孩子吃太多）。

商贩：10 块起约（yao，用秤称）。

妻子：5 块不卖呗？

商贩：不卖。

妻子：那给我来 10 块钱的。

商贩：（约了 12.1 元的）12 块 1，给 12 块钱。

妻子：我只要 10 块钱的。

商贩：12 块 1，给 12 块钱。

妻子：我只想要 10 块钱的。

商贩：（瞟了妻子一眼，极不情愿地拿掉一些）10 块钱的，给。

妻子跟我"吐槽"到这里，我说："换作是我，直接走人，不买了。"

还有，去农副产品连锁超市买菜也是如此。杏鲍菇 5 根起卖，5 根以下不卖！一个最近在沈阳发展还算不错的企业也是这样的理念，让人不得不感叹。妻子说，要是碰到他们的经理，我就跟他"理论理论"。都什么年代了，一次买 5 根，能吃得了吗？买一根我又不是不给钱。我甚至还愿意多给点钱。一次做菜用一根就够了，要是买 5 根，剩下了要么放得不新鲜，要么放坏。

上述情形现实中并不是个案，也不是偶然发生，而是经常发生。类似的事情其实笔者早就听到过其他朋友、同事"吐槽"过。逛菜市场，买 1 两、2 两肉，买 1 个、2 个辣椒，等等，商贩会觉得你在跟他开玩笑，不会卖给你的。

南方的朋友听到这样的事情是不是觉得有点荒唐？只要顾客想买，你管他买多少，又不是不给钱。很多时候，顾客买得少，即使商家价格略高一点，顾客也会接受，商家为什么不卖？

上述例子只是北方线下零售的一个"缩影"，反映的也是经营者观念的问题：只要顾客出钱，你管他买多少。能卖出东西、能挣钱，为什么还要嫌顾客买得少？跟一位来自扬州的同事说起此事，她说在她的家乡，到菜市场买一个辣椒、一个土豆、一个茄子是很平常也很正常的事情。

现代消费者的生活日益精致，商品流通也日益快速。人们不再像以前那样，每次买很多东西。到农贸市场尤其如此，一次买够一餐或一天的食材就可以了。当天吃的当天买，买多了第二天不新鲜。一个内心总是抗拒小量购买顾客的商家，很难相信他会获得多少大批量购买的顾客。

### 3.2.4 高档小区不高档的物业服务

说到东北地区企业缺乏营销理念、缺乏顾客导向的经营理念，本节最后再"吐槽"一下笔者所在住宅小区的物业服务公司——××物业公司。笔者于2013年初购买了××地产开发的沈阳东部地区某洋房小区的住宅。当时开发商的定位是"高档洋房小区"，整个小区从房型设计、园区绿化、学区配套、配套设施等，刚开始给人感觉都不错。相应地，与开发商高端定位相配套的就是房子与物业费的高价。房子的价位不想多做分析，因为这还受市场大环境、政府地价等因素的影响。这里重点想说的就是物业公司的服务。

鉴于高端小区的定位，物业服务的定价是每个月每平方米2.8元（电梯房是3.2元），根据笔者掌握的信息，这在2013年应该是全沈阳非常高的物业定价（定价是否合法、合规暂且不讨论）。物业服务的高定价，对应的应该是高水平的物业服务吧？就像买一件商品，商品的价格越贵，其对应的品质、质量、档次越高端。然而，××物业上述洋房小区的服务水准远远配不上2.8元物业定价的标准。

举几个具体的例子可以印证。接收房子当天，笔者发现了卧室一扇窗户对应的镶嵌在墙里的框架严重扭曲，导致那扇窗户根本关不上。收房子时，陪同的工作人员很诚恳地承诺他会认真记录问题并进行反馈，××物业将会跟进联络负责窗户的厂家，一个星期就会修理好窗户。当时笔者相信了陪同工作人员，另外主要是对××地产"高端的定位"及他们宣称的"管家式物业"有较高的信任。

结果在接下来的 10 多天，没有任何人员主动跟我联系。

后来跟邻居谈起这件事，有经验的邻居才提醒：这事必须得使劲催他们（物业公司），否则根本没人会主动管你！事实上也是，听了邻居的建议，在给物业公司打了 4 个催促电话之后，公司才派人来修理窗户，并且前 3 次派来的人都处理不了"这么大"的问题，观察一下就走人；后来又是跟进的几通催促电话，第四次派来的人才勉强解决问题。要知道问题基本解决的时候，已经是发现问题一个半月之后了。

再有就是 2015 年夏季的几场暴雨，让小区房子漏雨的问题一下子全部暴露出来。于是业主们纷纷找物业公司，协商问题解决方案。结果遭遇了物业公司的各种懈怠、推诿、拖延……于是，很多业主受不起物业公司的"气"，自己掏钱请防水公司解决问题。还有物业公司宣称的所谓的"管家式物业服务"，也具有明显的欺骗性。开始 4～6 栋楼配备一个所谓的"管家"，一栋楼 3 个单元，一个单元一般是 10 户。也就是一个"管家"至少要为 120 户业主提供服务，这样的服务还能叫"管家式"吗？事实上，业主们感受到的只有"管家"们每个物业费收费期的"催费服务"。

除了上述列举的问题，物业公司和业主之间还存在大量各类具有争议的事情。受不了物业公司的怠慢、冷落，众多业主只能选择拒交物业费以示抗议。物业公司曾提出要以拖欠物业费为由跟业主打官司，很多业主甚至期待着跟物业公司打一场官司，以控诉对他们的不满。不知道什么缘由，物业公司至今也没有对业主提起诉讼，可能是心虚吧。

分析到此，对于××物业公司（至少是在上述洋房小区的服务部门），已经不能说它们不以顾客为中心、不具有营销理念了。可以说，它们基本的责任感都缺失，属于它们的本职工作都不能完成。这样的服务水平、服务理念，何谈吸引顾客、留住顾客？事实上，购买了上述洋房的部分业主已经开始转售房子。而在房产中介，针对该小区已经形成了负面口碑："×××小区的房子漏雨""×××小区的物业服务不好"。再加上大环境的影响，一直到 2017 年底，该小区房子的转售价格比开盘时候的价格还要低。即使这样，一些业主亏钱也要转售，原因是受不了物业公司的气——"惹不起，还躲不起吗？"这样的房子、如此的物业服务如何吸引、留住顾客？

上述××地产、××物业在沈阳算得上有一定知名度的企业。它们的产品质量、服务水平尚且如此，那些中小开发商、物业公司的产品质量与服务水平就可想而知了。这样的话，怎么能吸引外地人来沈阳置业、投资？这样的企业经营管理理念又如何能吸引外地人、留住本地大学生在沈阳乃至东北工作？①

### 3.2.5 小结

回到最初提出的东北经济困局的问题。笔者认为，体制问题②、产业结构问题、劳动力素质问题③等都只是表象问题，根本在于人的观念问题。无论是体制环境的重大影响者（各级官员），还是企业发展的引领者（企业家与企业管理者），都非常缺乏以顾客为导向，用心关注市场，关注、吸引并留住顾客的观念。政府组织如果具有营销理念，将会真正站在企业、投资人及企业家的角度制定相关政策，将主要的精力放在促进企业发展、企业家发展上，而不是耗费在无谓的官僚行为上。企业家和企业管理者如果具有营销理念，将会真正关注于吸引、保留顾客，并且为了这一目的用心改进产品与服务，传递卓越顾客价值，借此获得竞争优势与超额利润。

---

① 相关讨论参考"东北为什么留不住人？"，http：//ln. qq. com/a/20150716/041767. htm.

② 可参阅"学者：东北经济困难根本问题是体制问题"，http：//china. huanqiu. com/hot/2016 - 08/9340054. html.

③ 相关讨论与分析可参阅"东北经济衰败，真的是体制作怪？"，http：//news. sina. com. cn/zl/2016 - 06 - 28/doc - ifxtmwei9392853. shtml.

# 4　吸引与保留顾客的营销哲学

营销是关于"吸引"和"保留"顾客的学问，并且对企业的可持续发展而言，"保留"顾客的能力比"吸引"更重要。因此，靠什么吸引顾客、靠什么保留顾客自然成为人们关心的问题。本章将通过回顾历史上营销观念（导向）的演变，来分析指导企业吸引与保留顾客的营销哲学。实际上，这些哲学也是指导企业组织设计、战略制定与执行的哲学①。

## 4.1　早期的营销观念

### 4.1.1　生产导向（Production Concept）

生产导向是商业史上最早的营销导向，该导向认为消费者最关心产品的可获性和产品的价格。因此，秉承该理念的企业管理者聚焦于实现高效率、低成本和大规模的生产。1908 年，福特 T 型车走下生产线，成为生产导向的标志。这一导向在生产供给不足的经济环境下是非常有指导意义的。

20 世纪早期的美国，诸如汽车之类的产品面临供给少、价格高等市场状况。

---

① 加里·阿姆斯特朗，菲利普·科特勒. 市场营销学（第13版）［M］. 赵占波，孙鲁平，赵江波等译. 北京：机械工业出版社，2019：7.

在这样的背景下，消费者最关心的问题是如何以较低的价格购买到商品。因此，产品的可获性及价格成为消费者最关心的要素，同时也是"留住"顾客最关键的要素。

当时的福特汽车公司很好地抓住了人们的这一需求特点，开创了标准化流水线生产方式，生产一种颜色（黑色）、一种型号（T型）的汽车，提高生产效率，实现规模化生产，同时降低单位产品的成本及对应的销售价格。结果，当时一台T型车售价只需要800多美元，而同时期竞争对手的汽车售价则在2000～3000美元。最终反映到市场绩效上，福特T型车推出后，创造了汽车界的销售奇迹，在投产的19年内，在美国的销售量就达到了1500万辆。

计划经济时期，中国众多商品都面临供给短缺的问题。类似地，在那样的环境下，消费者最关心的是产品的可获性和价格。因此，生产导向在那样的环境下对企业的经营管理具有重要指导意义。

即使是在今天，只要顾客的核心关注点是产品的可获性和价格，生产导向就仍对企业经营具有重要参考意义。在拼多多平台上销售的众多产品就是秉承生产导向的产物。销售方吸引顾客的卖点就是低价。一些顾客之所以从淘宝、京东等电商平台向拼多多转移，也是被其低价所吸引。不秉承生产导向，高效率、低成本地生产产品，怎能在有利润的前提下还能做到全网超低价呢？此外，还有中国的小米、红米手机，刚开始推出也都是面临供不应求的状况，因而企业在特定的时期内，都只推出有限型号、有限颜色的产品，保障产品供应量和低价。

然而，从今天的整体市场状况来看，各行各业基本都是供大于求的状况。因此，生产导向在今天就显得落后了。因为在产品供给极大丰富的年代，消费者的需求表现出多样化、个性化特点。某个企业如果仍然只是提供一种型号、一种颜色的产品，无疑很难满足顾客需要。

有人可能会质疑：上文提及的拼多多在当下的中国发展很好，有很多中国消费者仍然非常关注低价的东西；由此，秉承生产导向，做到高效率、低价格，应该仍然可以在拼多多上求生存。对此，笔者想回应的是：根据公开的资料，拼多多的主要消费者群体是来自四五线城市及农村乡镇的消费者①，他们在当前一段时间内非常关注价格。但追求品质、个性化、多样化是当下及未来一段时期消费的主流趋势；只有很好地迎合这一趋势的企业和平台，才能获得生存与发展。拼多多及寄生于该平台的企业，如果不抓紧时间转型，追求产品品质的提升，追求为顾客提供差异化、多样化的价值，未来难有发展的空间。

实际上，在笔者校对书稿时，2019 年的"双十一"刚过，拼多多并没有公布自己在"双十一"当天的"战绩"，想必不那么理想。

虽然生产导向在中国已经显得落后，但在我国仍然有大量秉承生产导向的制造企业。它们擅长低成本生产，擅长低价格竞争，然而缺乏市场意识、创新意识和品牌意识。

根据图 3-1 提及的"微笑曲线"，低成本的加工、组装、制造的附加值是最低的。在作为"世界工厂"或"世界制造大国"的中国，众多企业仍然以生产为导向，依靠低价在国内外市场赚取极为有限的"辛苦费"。

写到这里，笔者回想起曾经在比利时根特大学学习时的经历。当时每天骑自行车从住处去往学校办公室的路上，都会经过一条铁路，早晚铁路上都会看到长长的拉着集装箱的火车。看到火车上拉的集装箱，偶尔都会恍惚：我是在国外吗？因为集装箱上都是熟悉的字眼："中国海运集团""中远海运""CHINA SHIPPING"……恍惚之后，由衷感叹：中国制造真是强大！一个人口只有 20 多万的根特市，也到处是"中国货"。

然而过了一些时日，逛商场时就会发现，根特主要大街上的商店平时一般没有什么"促销活动"，商品一般也不打折销售。偶尔有一些打折的商品，基本都来自中国。后期和学友交流，发现与国内没事就搞促销活动不同，根特市的商场、商店平时一般不搞促销活动。每年集中在 6 月和 12 月集中搞两次促销活动。每次的促销活动，商家真的是为顾客让利。后来每次促销活动时，我们都会抽空去扫货。每次扫货都会发现：让利幅度最大的产品，查阅商品标签，都会显示"Made in China"。之前关于中国制造强大的感叹又打了几分折扣：原来，我们更

---

① 身边没有人用拼多多，那 3 亿用户在哪里？答案可以从买家秀中找到［EB/OL］. http：//baijia-hao. baidu. com/s？id = 1607249037517980015&wfr = spider&for = pc.

多是在挣"辛苦费"。

今日头条一位叫"宗毅说"的网友的帖子道出了当今企业秉承"生产导向"终将遭遇的命运：

"制造业这是怎么了，一套电动工具46元（含12V单速电钻+1电1充+配件），作为一个同是制造业的消费者，我看到这个价格不是高兴，而是深深的担忧，这样能走得下去吗？这样的价格能有利润持久生存吗？这样的价格对应的品牌就变成了低价低质，这是在ZS（作死）啊。"①

所以，仍然秉承"生产导向"观念的中国企业，必须转变依靠低价吸引与保留顾客的发展思路，转移到强化研发/设计和品牌培育，依靠为顾客传递他们需要的卓越价值来吸引与保留顾客的发展思路上来。

### 4.1.2　产品导向（Product Concept）

在生产导向的引领下，企业产品供给日益充足、产品不断丰富。随之，消费者的需求开始呈现个性化发展的趋势。人们不再满足于是否有拥有一件商品（如是否有一辆汽车），而开始关注这件商品能否有自己喜欢的属性（如买到的汽车的设计、颜色等方面是否有个性）。以汽车为例，生产导向时代福特汽车的统一T型设计、统一的黑色，已让汽车消费者开始感到厌倦。与此同时，以通用汽车为代表的竞争者则开始推出形形色色的汽车，通用汽车甚至提出"为不同经济能力的人提供不同用途的汽车"，致力于满足人们差异化或个性化的需求。

至此，仍然秉承一种型号、一种颜色的福特汽车在激烈的市场竞争中逐步走向衰落。1927年5月26日，在创造了销售1500万辆的惊人纪录后，T型车停止生产。这也标志着传统的生产导向被市场淘汰，着重关注产品质量、性能、特点的产品导向时代来临。

产品导向主要盛行于20世纪40~50年代。以产品导向为引领的企业认为，顾客主要关注产品的质量、性能、功能等，因而将企业的主要资源、注意力放在如何提升产品质量、性能及增加竞争者不具有的功能方面。

说到这里，人们可能会说，产品导向的核心理念不正是当前中国政府、社

---

① https://www.toutiao.com/a1646689389455363/.

会、企业倡导的主流经营理念吗？例如，国务院 2012 年发布的 9 号文件《国务院关于印发质量发展纲要（2011－2020）的通知》和国务院办公厅 2016 年发布的 18 号文件《国务院办公厅关于印发贯彻实施质量发展纲要 2016 年行动计划的通知》，从国家层面强调质量及质量提升的重大战略意义。第二个文件开头还具体提到要"以空气净化器、电饭煲、智能马桶盖、智能手机、玩具、儿童及婴幼儿服装、厨具、家具等消费者普遍关注的消费品为重点"，提升这些行业供给质量、品质和多样性。

国家之所以围绕质量问题出台重要文件，是因为中国企业生产的产品，尤其是消费品频频发生质量问题，消费者疯狂赴海外购买，或通过代购渠道疯狂购买海外产品。基于此，中国企业难道不应该追求质量、性能和功能提升的产品导向吗？企业难道不应该追求"把产品做到极致"吗？

对此，如果企业对顾客的需要与欲望有比较深刻的理解，或者消费者的需要和欲望表现得非常明显（这实质上涉及下一节分析到的"顾客导向"），在此基础之上，企业可以追求不断提升质量、性能或功能的产品导向。但是，如果企业对顾客需求与欲望缺乏理解，一味地追求产品导向，可能导致重大市场风险的出现。因为，产品导向的重要思想是以产品或产品相关的技术为导向，而不是以顾客的需要和欲望为导向。以产品导向为引领的企业，主要聚焦于产品和产品相关技术，而不是顾客需要和欲望。这样容易引发两种风险：一是企业的产品或产品相关技术非常先进，但并不是顾客需要的，如谷歌眼镜、铱星手机等；二是容易犯"营销短视症"，即关注到顾客购买了什么，但并不了解产品或服务满足了顾客哪些深层次的需要。

第一种风险，我们通过铱星手机及其背后的"铱星计划"来说明。摩托罗拉公司著名的"铱星计划"的想法，来自摩托罗拉的工程师巴里·伯蒂格的妻子在加勒比海度假时的抱怨，抱怨度假时自己无法用手机联系到客户。回家以后，巴里和摩托罗拉在亚利桑那州工作的卫星通信小组的另外两名工程师想到了一种铱星解决方案：基于 77 颗近地卫星组成的星群，让用户从世界上任何地方都能够打电话。由于金属元素铱有 77 个电子，这项计划就被称为了"铱星计划"，后来经过精简，卫星的总数降至 66 个。

总投资为 23 亿美元的铱星系统于 1996 年开始试验发射，计划于 1998 年投入业务，设计使用寿命为 5 年。1998 年 11 月 1 日铱星系统正式投入使用。然而，2000 年 3 月铱星公司就正式宣布了破产，多颗卫星"退出轨道"。为什么技术先进的铱星计划在投入了 23 亿美元巨资，使用不到一年半之后就失败了？

根本原因是当时铱星手机在技术上太先进了，相应地，产品的价格自然高昂，普通消费者难以承受。结果就是，"价格不菲的'铱星手机'在市场上遭受到了冷遇，用户最多时才 5.5 万人，而据估算它必须发展到 50 万用户才能盈利。由于巨大的研发费用和系统建设费用，铱星背上了沉重的债务负担，整个铱星系统耗资达 50 多亿美元，每年光系统的维护费就要几亿美元"[1]。

铱星手机固然可以在地球上的任何一个角落都能实现有效通信，但又有多少消费者经常处于偏僻的旅游胜地、山区、沙漠等通信不便利的区域？相比当时价格 3000 美元的铱星手机和昂贵的通话费用，价格低廉得多的、在主要生活区能够实现通信的普通手机更受大众消费者的青睐。也就是说，铱星手机固然技术先进，但并不符合大部分顾客的需要，最终导致"它开业的前两个季度，在全球只发展了 1 万名用户，这使铱星公司前两个季度的亏损即达 10 亿美元。尽管铱星手机后来降低了收费，但仍未能扭转颓势"。2000 年 3 月 18 日，铱星背负 40 多亿美元债务正式破产。[2]

铱星公司重视技术研发，具有超强的将想法付诸现实的能力。然而，其并没有重视营销管理，在一项如此巨额的投入决策做出之前，并未进行认真的市场可行性分析。有多少人可能真正需要先进的铱星手机？顾客对计划中的铱星手机的价格承受能力是多少？顾客需要什么样的配套服务？……在这一系列的营销相关问题都没有弄清楚之前，铱星计划就匆匆上马，结果可想而知。

所以，以产品或者技术为导向，可能使企业的产品及其所蕴含的技术非常先进，然而这种先进是顾客不需要的或者顾客不能有效承担的先进。这样的话，产品再先进也不会有足够多的顾客愿意为之买单。从企业经营的角度看，这样的先进是有巨大风险的。

第二种风险，是犯"营销短视症"的风险。谈到产品导向可能引发的营销短视问题，笔者首先想到了格力电气公司董事长董明珠女士的"三年不用换的格力手机"。三年都不用换的手机，就是说产品质量过硬、抗摔、结实，这是典型的产品导向理念。但是消费者真正需要"三年不用换的手机"吗？或者，有多少消费者真正需要三年不用换的手机？

有好事的网友总结了一下"如果三年不换手机，会是怎样的光景？"以网友发帖的 2014 年底为时间点，如果当时您是苹果用户，您还在用 iPhone4S；如果您是安卓用户，您还在使用 HTC Sensation，或者还在用三星 Galaxy S2 或者小米 1……并且想要三年不换手机，还需要满足：不喜欢玩游戏之类的应用；看着别人都用新手机，自己就是不换，以修身养性。

2015 年，格力公司确实制造出了号称三年不用换的格力手机。但到今天，想必大家已经知道格力手机的销售结果了。三年不用换的格力手机的尴尬反映了产品导向在如今物质极度丰富背景下的潜在风险。质量、性能、功能确实重要，但一定得是消费者需要的质量、性能和功能，而不是企业或企业家一厢情愿想象的顾客需要的质量、性能或功能。

针对上述第二种风险，还有一个非常突出的例子就是中国家具行业。传统的中国家具制造企业一般专注于家具产品的款式设计、选材、工艺等产品或产品技术层面的问题；以为设计了富有吸引力的款式，保障了产品品质，就一定能吸引顾客购买。然而，国家统计局数据显示，2015 年 1~12 月，家具制造业产销率为98.3%，较 2014 年同期提高 0.5 个百分点；12 月当月，家具制造业产销率为98.3%，与 2014 年同期基本持平。2016 年 1~2 月，家具制造业产销率为98.5%，较 2015 年同期下降 0.8 个百分点。① 这意味着中国传统家具行业陷入发展困局。

与此同时，再来看宜家公司同期的业绩数据：宜家家居公布 2016 财年财务报告，宜家集团总收入高达 351 亿欧元，比上年增长了 7.4%；宜家中国销售额超过 125 亿元人民币，比上年增长了 18.9%，而宜家中国每分钟就有 339 位消费者光顾（全年总访客量达 8930 多万人），比上年增加 20%。

为什么一方面传统中国家具企业陷入困局，而宜家家居在中国则高歌猛进？逛一逛中国传统的家具市场和宜家家居广场，可能就会找到问题的症结所在：

---

① http：//www.chinabgao.com/freereport/71917.html.

● 传统中国家具企业基本都是产品导向，关注产品款式、设计、选材、工艺等，缺乏对"消费者为什么买家具"的深层次理解。

● 宜家公司销售的家具则是想顾客之所想，急顾客之所急。看看近年来，宜家针对中国不同细分市场，如年轻的两口之家、孩子幼小的三口之家等打造的满足人们不同差异化需求的家具产品，就知道为什么中国传统家具企业陷入困局，而宜家逆势增长了。

宜家公司设计的可折叠床（睡觉时打开是床，折叠处理后成为沙发）、餐桌（吃饭时打开为宽敞的餐桌，饭后收起来放在墙边只占用极小的室内空间）、储物柜等，为房屋空间不是十分宽敞的家庭解决了一方面需要家具，另一方面空间不足的矛盾。以顾客需要为基础的产品创新，更好地满足了人们规划家庭、规划空间的需要。传统的中国家具企业设计的大床、衣柜、餐桌等产品，几件产品就能占据一个现代都市家庭的有限空间。

另外，宜家家居广场的实际销售情境，按照现实的不同空间大小（面积大小不同）、不同区域（厨房、客厅、餐厅、卫生间等）的家居情境进行产品摆放与展示。顾客走进之后，能够结合自己家里空间大小、区域情况进行联想与购买决策思考。如针对自家 5 平方米或 8 平方米的厨房，可以相应地在宜家展厅看到类似大小的厨房展示，了解里面各种厨房用品、用具的摆放与规划，据此能够清晰地了解自家厨房可以怎样更好地规划空间、摆放用具，同时了解自家厨房还缺什么。

对于客厅、卧室、婴儿房、卫生间等，同样能够看到各类展厅。浏览各类展厅，能够帮助顾客明确自己需要购买什么、购买哪些家具或用具适合自家的房子。并且每个展厅展示的各类家具、用具上都有清晰的编号、二维码等，顾客只需记下编号或者用手机拍照，就可以据此到提货区提取自己想要的产品。提货交完款之后，自己不便运输的产品，可以让宜家公司的服务部门帮忙运输，只需按规定支付一定的服务费即可。

正是由于产品导向有上述两个方面的潜在风险，因此在现代的市场经济背景下，我们说产品导向也是过时的营销导向。仍然在追求"把产品做到极致"的中国制造企业、互联网企业，可能需要好好思考自己的经营理念和哲学了。

### 4.1.3 推销导向（Sales Concept）

在生产导向和产品导向后，营销发展史上的第三种导向——推销导向诞生。推销导向强调销售人员的销售或推销技巧，认为企业应该利用销售人员的推销能力积极主动地把产品推销给顾客。这一流行于 20 世纪 60~70 年代美国的营销导向在今天的中国仍然非常流行。随便问一问身边的人"营销是什么"，经常能够听到推销导向的答案：抓住产品的卖点，把产品推介给顾客。

推销导向之所以在今天的中国如此盛行，与众多创业者"快速赚钱""快速成功""快速致富"的急功近利心态有直接联系。在中国，推销导向较为典型的两个例子，一个是"三株口服液"，另一个是"爱多 VCD"。前者以"农村包围城市"式的刷墙广告策略为基础，以极低的成本让全国人民快速了解三株口服液，然后通过虚夸的方式影响消费者对三株口服液的购买欲望。此后再配以销售人员的推销，迅速创造了当时的"商业奇迹"：1996 年销售额达到 1 亿元，1997 年销售额突破 20 亿元，1998 年达到 80 亿元。高峰期公司拥有销售人员 15 万人。后者同样是在大量广告投入的基础上，利用销售人员的推销技能快速占领市场。

推销导向自 20 世纪 90 年代起，帮助众多中国民营企业在快速获取利润方面发挥了重要作用。然而在今天看来，推销导向也显得过时了，因为其弊端非常突出：推销导向关注于销售人员的推销技能与技巧，关注于如何把产品卖给顾客，这样会导致企业的"营销短视症"——无形中将企业导向只关注短期销售业绩而忽略企业长期发展的指标（如顾客价值、顾客满意、顾客忠诚）路径上来。秉承推销导向的企业，关注于同消费者的短期成功交易，通过推销技巧将产品"推"给消费者。这样做会导致企业忽视消费者权益甚至欺骗的行为发生。上述提及的三株口服液，最后就因为发生了"喝死人"的事件，导致"三株帝国"的迅速坍塌。2018 年"天津权健帝国"的陨落不也是如此吗？

类似地，爱多 VCD 一直关注于如何在具有更大影响力的媒体（如 CCTV 1）上投放广告、请具有更大影响力的明星（如成龙）代言，在此基础上进一步通过销售人员的推销提升销售额，而忽略了如何通过产品创新或改进为用户创造更好的体验（顾客价值）。在为顾客提供的价值方面，爱多 VCD 产品与其他竞争产品没有明显区别，但爱多 VCD 的价格（包含了巨额广告费用的分摊）则明显高于竞争产品，结果自然就是产品失去市场竞争力，很快被市场淘汰。

推销导向在中国的流行，秉承推销导向的企业尤其是一些保健品经营企业所做过的欺骗、欺诈或者忽悠顾客的事情，导致现如今"营销"面临被污名化的窘境，如格力董事长董明珠在诸多演讲场合说她最恨营销、格力不做营销。

# 4.2　近现代倡导的营销观念

## 4.2.1　顾客导向（Customer Concept）

顾客导向是当代营销界倡导的科学营销观念。顾客导向（在一些学术文献中与"市场导向"同义），顾名思义就是企业应以顾客（市场）为中心，根据顾客的需要去开发相应的产品和服务，并通过整合营销的方式为顾客提供价值、满意，以及培育同顾客的长期关系。顾客导向与管理学大师彼得·德鲁克所说的"企业的根本目的是创造顾客"在理念上是一致的。

顾客导向与推销导向虽然都围绕顾客进行营销，但两者有本质区别。推销导向是"推式"营销，企业生产出产品，通过销售人员的销售技巧，主动把产品推销给顾客，即企业先有产品，不管顾客是否需要和喜欢，硬是通过销售人员的技巧甚至忽悠把产品卖给顾客。而顾客导向是"拉式"营销，先分析顾客需求，然后设计相应产品，再通过整合营销沟通传递给顾客，即企业先调查顾客需要，再设计生产满足顾客需求的产品，以此吸引顾客前来购买。

顾客导向是目前发达国家企业营销实践中占主流的营销观念，企业践行顾客导向需要做到以下三点：为顾客创造价值、创造顾客满意、创造顾客忠诚（长期关系）[1]。

### 4.2.1.1　为顾客创造价值

任何企业的存在都要为一些人创造价值。从企业战略层面上，价值创造问题

---

① 郑毓煌．营销：人人都需要的一门课［M］．北京：机械工业出版社，2016：113.

本质上就是企业使命问题。所谓企业使命，可以理解为一个企业存在的意义、对社会的价值及未来的发展方向。从微观上理解，就是一个企业要为哪些人解决一些什么问题。

正如德鲁克所言：企业是社会的器官；任何一个组织机构都是为了某种特殊目的、使命和某种特殊的社会职能而存在①。大一些的企业，如 Facebook，其使命是"我们链接世界各地的人们，并帮助他们分享生活中的重要时刻"；阿里巴巴创业时的使命是"让中小企业的生意不再难做"（现在改为了"让全世界的生意不再难做"）。

2017 年，Facebook 的创始人扎克伯格来中国，在和马云对话时说：创业的初衷是要解决问题，而不是想着去开一家公司。哪怕是在学校里创业，首先也要考虑清楚要为学校的老师、同学解决什么问题。也就是说，要先明确企业使命，再开始考虑创业。

这里的企业使命，本质上可以理解为要为哪些人创造什么价值。进一步地，结合竞争，可以理解为要为哪些人创造什么独特（竞争者尚未提供的）价值。思考清楚"为哪些顾客创造什么独特价值"是创业的前提。这也反映出企业的存在一定要为其目标顾客创造独特价值。

例如，"葵花药业"这个企业和品牌想必很多人都听说过。它的企业使命现在调整为了"中国儿童用药安全"。这个使命明确之后，其价值也凸显出来：要为目标顾客，也就是中国的广大儿童生产并提供安全的药品。

与"葵花药业"对照，再看一看"蒙牛"。过去一些年，蒙牛搞了很多慈善活动，给一些偏远地区的孩子送牛奶、建希望小学等。做慈善、关注社区利益没有错，但是蒙牛首先应该明确自己的核心使命，应该是"让中国人喝上安全的牛奶"，或者"让中国的儿童喝上放心的牛奶"。基于这样的使命，为目标顾客，即全体中国人或者中国儿童创造卓越价值，也就是生产优质、安全、新鲜的牛奶，这才应该是蒙牛的核心使命，而不是其他。

从顾客的角度，购买任何商品或服务，商品或服务承载的价值大小、相比竞争产品价值是否卓越是决定顾客是否购买的最关键因素。什么是营销学中所说的

---

① 彼得·德鲁克. 管理的实践［M］. 齐若兰译. 北京：机械工业出版社，2009：30.

价值呢？简单地说，价值等于产品或者服务为顾客提供的利益除以为之付出成本，可以理解为我们通常所说的"性价比"。

顾客总是希望买到性价比高、物美价廉的商品。前文提及的好市多（Costco），因为总是能为顾客提供高性价比（高价值）的产品和服务，因而赢得了大量顾客的喜爱。除了Costco，小米手机的成功很大程度上也是因为其一直能为顾客提供高性价比的产品。从最初的小米手机1到最新的小米9，其一直通过不断的科技创新和消费者的理解为顾客提供需要的"黑科技""新功能""新设计"等价值元素，然而价格一直比同档次的竞争品明显要低，因此每一款小米产品都能赢得一批顾客。

除了小米手机，近些年在中国比较受欢迎的坚果品牌"三只松鼠"也是因为给了顾客很高的价值感知才会受欢迎。"三只松鼠"的价值创造，首先体现在其改变了人们的坚果食用方式。传统上，人们在市场上是分别购买核桃、巴旦木、榛子、松子等坚果。食用的时候，一般遵循尽兴的原则。这样吃的结果是一些坚果摄入过量，造成脂肪堆积等问题，另一些坚果则没有摄入。

"三只松鼠"通过遵循科学营养搭配的原则，将精心挑选的各种坚果分小袋包装。这样人们购买之后方便食用、不会超量，而且一次能吃到各种坚果，营养更均衡。经典款的"三只松鼠"坚果，一小袋里一般包含榛子、巴旦木、山核桃、核桃、南瓜籽、腰果及两种干果——蓝莓干和蔓越莓干。一天吃一小袋，营养更均衡，也不用担心摄入过量。

"三只松鼠"通过更科学的坚果搭配为顾客创造了价值，另外，通过"四心"为顾客创造了卓越价值，即放心——松鼠契约种植地遍布全球；安心——松鼠大型工厂始终恪守严标准；开心——松鼠家的客服贴心服务；省心——松鼠承诺90%的地区次日可达。

还有2015年才创业，但近年来广受都市白领女性喜爱的鲜花B2C电商平台"花点时间"，也是为顾客创造了卓越价值才发展迅猛。传统上，人们一般只是在节假日（情人节、父亲节、母亲节、教师节等），以及一些特殊的时点（如求婚）才会购买鲜花。在这些节日和时点，鲜花是情感表达的载体。

"花点时间"通过倡导"平淡生活中的小惊喜"，改变了人们对鲜花的传统认知和需要。对于女士而言，平时繁忙的生活之余，如果餐桌上、茶几上或者梳妆台上，能够摆上一束漂亮的鲜花，是不是心情会不一样？

基于创造一点"平淡生活中的小惊喜"的理念，通过99元/4束的定价及每周一束的鲜花提供（顺丰快递到家），"花点时间"为广大都市白领女性创造了价值，赢得了大量白领女性的喜欢。笔者获悉"花点时间"的案例之后，与自己的妻子及周围女同事分享，她们也都纷纷开始购买。关注"花点时间"的微信公众号或者App，能够轻松下单。微信公众号还会与顾客互动，教顾客如何更好地打理鲜花。

每个周六的早上，顺丰快递小哥敲门送来一束新鲜的鲜花，自己剪枝、去叶，打理好之后，插入玻璃瓶，顿时令人心旷神怡。每周不到25元，就能收获一点小幸福、小惊喜，难道不值得吗？这就是价值创造。

所以，无论是通过技术创新、理念创新、服务创新，还是对传统需要的重新界定，企业需要不断为顾客创造价值才可能赢得顾客青睐。另外，企业创造的价值要比竞争者提供的价值更卓越：要么同样的利益价格更低，要么相同的价格利益更多，这样企业才能获取竞争优势。

#### 4.2.1.2　创造顾客满意

为顾客创造价值，是企业吸引顾客的第一步。创造价值后，还要进一步通过不懈地努力创造顾客满意。只有顾客满意了，企业才能保留顾客。顾客是否满意决定了其是否会重复购买，决定了企业能否长期获取利润。顾客一旦不满意，就会"用脚投票"，开始选择竞争对手的产品。因此，创造顾客满意对企业同样至关重要。

尤其是针对顾客的第一次购买，满意更加重要。心理学的研究表明，人的大脑天生具有偷懒的习性。针对新鲜事物和行为，如果第一次的决策过程的结果是让人满意的、愉悦的，后续个体遇到同样的事物和行为时会根据第一次的经验做出决策。据此，针对某种商品（尤其是高价商品），个体在第一次购买时会遵循比较理性的决策过程：确认需求；收集产品信息；形成购买的备选方案；评估备选方案；做出具体的购买决定。消费者第一次买车、房子、耐用家用电器等，基本都会按照这一流程决策。

如果消费者每一次购物决策都需要认认真真看产品信息标签，进行相关商品的信息比较，那么购买决策将非常累。那样的话，一次超市购物可能就需要花费好几个小时。

现实中，消费者并不是这样。针对重复的购买决策，如果第一次的购买经历是让人满意的，消费者往往会迅速基于第一次的经验，做出重复购买决定。如买饮料、矿泉水、面包等相对低价的商品，消费者基本都是根据第一次或以往的经验进行快速决策。即使是针对相对高价的商品，如手机、家用电器、汽车，如果第一次的购买经历是让人满意的，后续可能还会选择第一次使用的品牌。

反之，如果第一次的购买经历让顾客不满意，他们就会重新寻找其他的替代产品或者服务。所以，第一次的购买是否满意，对顾客、企业都至关重要。对于顾客，如果其第一次的购买是满意的，后续其还可能会购买该企业的产品与服务。对于企业，如果顾客第一次的购买是满意的，那么企业在后续经营中还可能会拥有该顾客。

另外，顾客在某次购买中感到满意，还会将其感受通过口碑传播给其他顾客，扩大企业产品或服务知名度，提高企业形象，为企业长远发展注入新的动力。

例如，全国的火锅店数以万计，恶性竞争、同质化严重，但是海底捞火锅店却因为出色的服务脱颖而出，成为业内翘楚。曾有人调侃道："海底捞的服务使人有种受宠若惊的感觉""服务员想到的比亲妈都周全""一个人去吃饭，还在对面放了个玩偶，更孤单啦"……在海底捞体验过的顾客，基本都会感到满意，就算有一些小的瑕疵，也会因为满意的服务给予更多谅解。

试想一下，一个曾在海底捞火锅店体验过满意服务的顾客，当有朋友想进行消费时，当然会积极向朋友们推荐海底捞火锅店。就因为顾客的一次满意体验，无偿地成了海底捞的宣传员，还有比这口碑宣传效果更好、成本更低的营销传播手段吗？因此，顾客满意不仅可以保留顾客，对于企业吸引其他顾客也有积极作用。

以上强调了第一次购买中"顾客满意"的重要性。这里想继续强调的是，企业在持续经营的过程中，需要一直不懈地通过创新、高质量服务，追求并创造顾客满意。因为即使第一次满意，后续顾客如果出现了不满意，同样可能会流失。

这里分享一个笔者亲身经历的例子。每年过年和家人一起回老家，从沈阳飞武汉，都需要在武汉天河机场附近的酒店周转一下。之前几次，我们都住在离天河机场不远的××连锁酒店。由于其离机场很近（5公里左右），酒店在夜里和凌晨还负责接机、送机，价格也比较亲民，住宿质量也还可以，我和家人都比较满意。于是每次过年回去、过完年返回都会选择在该酒店周转。

2018年春节回去时我们一如既往地选择了该酒店，提前两周通过该酒店的App预定了房间，并提前支付了全部房款216元。后来到了酒店办理入住手续时，发现该酒店的电视显示屏上我们预定的同类型的房间标价169元！顿时我就感觉郁闷了：为什么我提前两周预定，而且提前支付了全款，价格要高47元？难道是传说中的"大数据杀熟"吗？于是，给该酒店集团客服打电话，讨个说法。过了大约40分钟，该酒店的负责人给我回电话，大意是：他们原本预计春节前客流量会很大，所以涨价了，后来发现客流量没有那么大，所以又将价格调回去了；所以我提前两周预定的特惠价是216元，而店里当日显示的价格只需169元。我说："那怎么办？"负责人说："我给你一张我们酒店的现金券吧，20元。"我说："至少应该给两张券吧？"负责人同意了。不过拿到电子券的时候我又郁闷了：电子券只能在武汉的该连锁酒店使用，并且有效期20天！

结果当然让人非常不满意。自那次不满意的经历之后，我就果断放弃了该酒店，以后再需要周转时，直接选择了机场旁的另一家酒店。其实这次的经历中，返还给本人47元的价格差，再表示一下抱歉，我这位老顾客可能就不会流失了。

### 4.2.1.3 创造顾客忠诚

通过卓越的价值创造吸引顾客，通过不断创造顾客满意保留顾客。之后，顾客导向哲学的第三个境界认为，企业还需要培育一批忠诚的顾客，即创造顾客忠诚。顾客忠诚是所有企业都梦寐以求的。因为一旦企业拥有一批忠诚的顾客，会有诸多好处：

第一，一旦顾客对企业的产品或品牌形成忠诚，会从态度、情感和行为三个层面表现出对企业产品与品牌的支持。一旦某个品牌让顾客忠诚，态度和情感层面，忠诚的顾客会"说你的好话""喜欢你"，一提及你，会产生内在正面积极的情感；行为层面，忠诚的顾客会持续地购买，对品牌的价格变化不敏感。如苹果公司就拥有一批数量巨大的忠诚顾客。一提及苹果品牌，人们会产生创新的、高科技的、时尚的等积极态度和联想，以及喜欢的、愉悦的等正面情绪。这些积极的态度和情绪会激发顾客的购买欲望和行为。一批忠诚顾客的支持行为会是企业利润的持续的、稳定的来源。

第二，拥有一批忠诚的顾客有助于企业和品牌抵御各种风险。例如，2017年8月25日，网络上一篇名为《暗访海底捞：老鼠爬进食品柜　火锅漏勺掏下水道》的文章，曝光了海底捞北京劲松店、太阳宫店后厨存在的严重不卫生的问题。该事件相关报道在8月25日上午很快在微信朋友圈"刷屏"。之后，海底捞第一时间做出响应：8月25日14：46，海底捞官方微博发表《关于海底捞火锅北京劲松店、太阳宫店事件的致歉信》，承认媒体披露问题属实，表示诚挚道歉；8月25日17：16，海底捞再发一份《关于海底捞火锅北京劲松店、太阳宫店事件处理通报》，涉事门店停业整改，组织所有门店排查，事件主要责任由公司董事会承担；8月27日15：04，海底捞发表第三份声明《关于积极落实整改，主动接受社会监督的声明》，对北京市食品药品监督管理局两次约谈的内容全部接受；同时将媒体和社会公众指出的问题和建议全部纳入整改措施。

问题被曝光后，海底捞第一时间响应、做出诚挚道歉、积极承担责任、及时回应监管机构和公众关切、彻底整改等，在应对舆论风险方面发挥了重要的作用。网络上的负面舆论在2017年8月29日后就慢慢平息下来[1]。但是，如果没有一批对海底捞高度满意和忠诚的顾客，恐怕这一严重的负面舆论风波不会那么快沉寂下来。在忠诚顾客的眼里：北京海底捞被曝出的问题更多是北京那两家店的个案问题，而不是全部海底捞存在的问题。事实上，虽然该事件在网络上引起强大的负面舆论，但并没有对全国海底捞的经营产生什么重大的影响。换作是另外任何一个企业和品牌，没有一批忠诚的顾客，恐怕这样的负面舆论风波是致命的，足以让企业破产倒闭。

类似地，2018年云南白药牙膏在网络上遭遇到的"添加氨甲环酸"（处方药）的质疑，也让云南白药集团及云南白药牙膏品牌遭遇了巨大的信任危机。与海底捞不同，该公司并未在第一时间及时解释或道歉[2]，也并未进行整改。但随着负面舆论慢慢散去，各种行业协会、专业人士的理性、客观评价发布，人们对该牙膏的信心又逐渐恢复。笔者就是云南白药牙膏的忠诚顾客，最近一些年一直

---

① "舆情聚焦丨海底捞后厨乱象曝光事件分析"，http：//www.boryou.com/？p=1651.
② 当然，这可能也与云南白药牙膏涉及所谓的国家保密配方有关系。

使用该产品，效果也较为满意。事实上，"氨甲环酸事件"并未促使笔者更换品牌。

第三，创造顾客忠诚从长期来看会显著降低企业吸引与保留顾客的成本。营销学的研究已经揭示，企业维系老顾客的成本只有开发新顾客成本的 1/5 不到。以大学校园各大通信运营商为例，所有的运营商都希望扩大持卡顾客基础，通常都会想方设法吸引新用户来申请新卡。所以，在新学期开始时，除了看到朝气蓬勃的大学新生，一般都能看到移动、联通、电信各大运营商使尽浑身解数在校园推销。同时，为了鼓励大学生申请自己公司的电话卡，各大运营商往往都会给出话费低、流量多、通话长等优惠，同时还会赠送各种礼品。近两年，几个运营商甚至推出了充值 100 元用一年的超大优惠活动。

以上吸引新顾客的种种做法，对企业来说成本是高昂的。然而，各大运营商却"只见新人笑，不闻旧人哭"，新生办理的电话卡的优惠一般都是有期限的（一般是一年），一旦优惠期已过，手机话费就会猛增。作为理性的消费者，就会在新学期开学时更换新的电话卡，还会调侃抱怨一下："为什么我们当时没有这么好的优惠和赠品？"可以看到的是，活动期间，运营商的业绩确实有增长，但是产生了多少顾客不满和抱怨？有多少老顾客重新变成了新顾客呢？

对比一下，如果各大运营商积极维护老顾客，给老顾客适当的优惠，这样不仅节省了各种宣传费用，而且时间长了，顾客转换成本就高了，老顾客慢慢就培养成了忠诚顾客，为企业节省了很多顾客开发与维系的成本。2019 年 8 月，可能是中国联通意识到了这一点，纷纷给一些老用户打电话，主动给出一些优惠活动。笔者就享受到了优惠活动：套餐基本费用由每月 36 元优惠到 21 元，流量由之前的 5 个 G 增加到 20 个 G，优惠时长 10 个月。

因此，通过有效的客户关系管理举措，维系满意的顾客，将满意的顾客转化为忠诚的顾客，从长远来看还会让企业节约顾客维系成本。据此，很多企业开始实施顾客忠诚度计划，如很多航空公司、酒店、银行等搞出了各式各样的顾客忠诚度计划。航空公司满足一定条件的 VIP 顾客，可以获得优先登机、机场快捷通道、贵宾休息室等待遇。银行 VIP 可以获得不用排队、优先办理业务、大堂经理接待等待遇。酒店金卡会员可以获得不用排队、优先办理入住、翻倍积分等待遇。

这里需要提醒的是，企业在实施顾客忠诚度计划时，应该注意"旁观者效应"①，即企业专注于维系目标顾客（VIP 顾客）的各种举措可能会对旁观者顾客造成负面影响。例如，航空公司让 VIP 顾客（目标顾客）优先登机，会让其他同样没少花钱但需要排队等待的顾客（旁观者顾客）觉得不公平、不合理，进而造成旁观者顾客流失的结果。旁观者效应的存在让企业制定与实施顾客忠诚度计划的努力白费：一方面，目标顾客可能确实更满意、更忠诚了（促进绩效）；然而另一方面，维系目标顾客的举措让旁观者顾客流失了（减少绩效）。正如 Steinhoff 和 Palmatier（2016）所言，顾客忠诚度计划的实施，确实让目标顾客的绩效贡献增加了，然而让旁观者顾客的绩效贡献减少了。最后，两者相抵的结果，很有可能就是顾客忠诚度计划是无效的，甚至是有害的（如果对旁观者的负面影响超过对目标顾客的正向影响）。

当然，这里不是说顾客忠诚度计划就应该被彻底否定，而是说企业在实施忠诚度计划时，应该避免"旁观者效应"。比如，目标顾客获得的优待，不要让旁观者顾客看到。如银行业，通过 VIP 预约服务事先预约好时间，顾客来网点之后直接去接待办公室，享受免排队的业务办理，而不是 VIP 顾客来到网点之后，在叫号机上取 VIP 号，然后插在旁观者顾客前面办理业务。

另外，当目标顾客的优待不能与旁观者顾客隔离时，一定要清晰地表明不同待遇的规则，要让旁观者顾客明白：目标顾客之所以能优先登机、优先办理入住等，是额外付出了成本的。

### 4.2.1.4 秉承 vs. 不秉承顾客导向的差异

企业秉承顾客导向和秉承其他导向，会造成产品设计、经营策略及经营结果上的巨大差异。接下来，同样通过一些例子予以说明。

（1）五孔插座的设计。图 4-1 展示了两种不同设计的 5 孔插座。左侧是我们经常在市面上看到的设计。这种设计在使用中可能存在问题：当在上面的两孔中插入插头（如电磁炉插头），下面的三孔插座就不能再插入其他插头；或者下面的三孔插入大功率电器的插头，上面的两孔则无法再插入其他插头。这样的

---

① Steinhoff L., Palmatier R. W. Understanding Loyalty Program Effectiveness：Managing Target and Bystander Effects ［J］. Journal of the Academy of Marketing Science, 2016, 44（1）：88 - 107.

话，5 孔和 2 孔、3 孔还有何区别呢？5 孔失去了意义。而类似图 4 - 1 右侧的设计则可以很好地规避两个插座不相容的问题。想必右侧的设计更多考虑了顾客的实际使用需要。右侧的设计是"顾客导向"的，而左侧的则并不是。

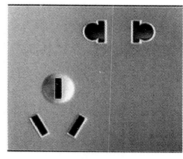

图 4 - 1　五孔插座

资料来源：来自百度。

（2）红梅料酒的瓶盖。沈阳红梅企业始建于 1939 年，1998 年改制为红梅企业集团，主营味精、料酒等调味品；老红梅于 2012 年 4 月 27 日向法院申请破产，2014 年 5 月 28 日被法院裁定破产[①]，后来被某民营企业"接盘"。红梅曾是沈阳市名副其实的老字号。

2016 年，笔者在一次逛超市的过程中，本着支持地方品牌的态度，购买了一瓶红梅牌料酒，买回来使用一次之后，就下定决心再也不买了，原因如图 4 - 2 所示。

图 4 - 2 中左侧所示为瓶塞子，是塑料制作，塞子很长。第一次拆封时，撕掉瓶盖外面的塑封，费了很大的劲才打开瓶塞。倒出料酒之后，用手使劲按一下再将塞子盖好，如图 4 - 2 右侧所示。后续再打开瓶塞子，同样要如第一次那样费劲，因为瓶塞子太长、太紧了。

可能有人会说，紧一点料酒不会挥发啊。但站在顾客的角度，这是极其糟糕的设计。试想，男性消费者打开都极其费力，女性消费者打开就更难了。现实中，

① 百度百科"沈阳红梅企业集团有限责任公司"。

图 4 - 2　红梅料酒的瓶盖设计

资料来源：笔者拍摄。

相比男性，女性消费者下厨的次数还是多一些，如此长和紧的瓶塞子，如何让女性使用？另外，很多爱美的女性还经常做美甲。女性做完美甲后，更不会去开这难开的瓶塞子了。

瓶塞子的设计，一个细节或小问题就会阻碍顾客的购买和使用。看似是细节或小问题，本质上则是企业经营者不以顾客为导向。不注意这些细节或小问题，料酒本身再好，顾客恐怕也不会再购买。如果企业能以顾客为导向，观察几次顾客如何使用，想必瓶塞子的设计早就改进了。仔细想想，曾经的老字号红梅之所以面临倒闭，不以顾客为导向的经营可能是重要原因。

（3）儿童药品的包装设计。2016 年，笔者的孩子感冒发烧，热心的同事听说之后给了我两瓶进口药：一瓶治咳嗽的止咳糖浆、一瓶退热的扑热息痛。看到药品的包装和设计之后，作为营销人，我不禁又一次发出了感叹。先看图 4 - 3。

这样的瓶口设计，很好地解决了传统的瓶口（无图 4 - 3 所示塑料尖口设计）在倾倒糖浆时黏糊糊的糖浆敷满瓶口周围的问题。再看图 4 - 4。

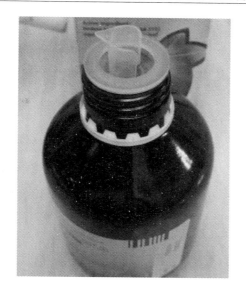

**图4－3　某进口品牌止咳糖浆的瓶口设计**

资料来源：笔者拍摄。

| AGE | AVERAGE WEIGHT | DOSE |
|---|---|---|
| 1-2 Yrs | 10-12 kg | 6-8 mL |
| 2-3 Yrs | 12-14 kg | 8-9 mL |
| 3-4 Yrs | 14-16 kg | 9-10 mL |
| 4-5 Yrs | 16-18 kg | 10-11 mL |
| 5-6 Yrs | 18-20 kg | 11-13 mL |
| 6-7 Yrs | 20-22 kg | 13-14 mL |
| 7-8 Yrs | 22-25 kg | 14-16 mL |
| 8-9 Yrs | 25-28 kg | 16-18 mL |
| 9-10 Yrs | 28-32 kg | 18-20 mL |
| 10-11 Yrs | 32-36 kg | 20-23 mL |
| 11-12 Yrs | 36-41 kg | 23-26 mL |

**图4－4　某进口品牌扑热息痛的包装说明及辅助装置**

资料来源：左侧和右侧为笔者拍摄，中间图示来自京东商城。

图4－4左侧是关于儿童用药年龄、体重、相应剂量的说明，一目了然。想想一些国内的儿童药品，有时候需要家长自己换算药剂量，如一小袋药粉5克，

3岁14公斤左右的儿童一次服用200毫克。这种换算想想都令人头痛。为了孩子的安全用药，还得用心换算。有时候，还需要家长将一袋药物（一般是粉末状药物）分成2次或3次喂给孩子。结果家长操作时，除非有电子秤，否则每次喂给孩子的药剂量都不相同。

图4-4中间是如何用右侧所示的类似注射器的装置，从瓶子里吸取果冻似的药品的图示说明。右侧注射器的顶部是圆柱形设计，和药瓶瓶盖上的凹槽设计完全能够吻合。用右侧的注射器插入药瓶的凹槽，再如图4-4中间图片所示，就能准确吸取所需要剂量的药物。接下来，拿着注射器轻轻推入孩子口里即可。药物抽取方便、药剂量精确、喂药方便。

这里不是崇洋媚外，而是进口药物在使用细节方面充分地为顾客进行了考虑，可以说很好地践行了"顾客导向"。相对应地，国内厂商需要改进的地方还有很多，需要真正地秉承"顾客导向"，改进产品设计和服务。

（4）小结。以上例子反映出了秉承顾客导向和不秉承顾客导向的差异。这些差异看似是细节，是小问题，但从顾客使用的角度，这些小问题给顾客的使用造成了不便，成了顾客购买和使用的重要障碍，成了企业经营中的大问题。

总之，顾客导向的营销哲学是目前营销理论和实践方面占主流的观念，企业要为顾客创造价值、创造满意、创造忠诚（长期关系），才能使企业获得竞争优势和超额利润。

### 4.2.2　社会营销导向（Social Marketing Concept）

顾客导向之后，随着西方社会和经济的快速发展，环境、人口、健康等问题日渐凸显。在通货膨胀、失业率上升、环境破坏严重等背景的驱使下，一种新的营销观念出现了：社会营销导向。社会营销导向是当时的社会经济环境的产物，强调企业不仅要以顾客为中心，同时还应该关注企业的社会责任，关注社会大众的福利，并为社会做出积极的贡献。这一观念促使企业在进行市场活动时，要同时考虑三方面的利益，即满足消费者的需求、获得企业的利润及服务社会大众。

在中国，众多企业的经营活动导致的空气、水、土壤等污染问题已经非常严重。如2018年暑期，笔者参加了在昆明举行的中国高校市场学年会之后，去了一趟在地图上看起来"应该不错"的旅游景点——昆明滇池。来到滇池之后，笔者"震撼"了：偌大的滇池已经变成深绿色，水面还能看到一些漂浮的鱼尸体。这样的场景顿时让人失去了游玩的兴致。相信去过滇池的人都会有类似的感受。滇池的严重污染与周边的采矿及矿业加工企业脱不了干系。

除此之外，很多行业都面临着比较严重的社会问题，如酒类行业面临司机酒驾、醉驾的问题，皮草、化妆品、保健品等行业面临杀害动物的问题。现代企业的经营不能只考虑顾客需求的满足、企业利润的实现，还得考虑整个社会利益的最大化。至少在追求顾客价值和企业利润的同时，不能做出危害社会福利的事情。

企业要懂得利用社会营销活动，在满足顾客需要与欲望、追求自身利润的同事，展现出对社会利益的关切，据此赢得社会大众对企业和品牌的认可。

### 4.2.2.1 Life Water 半瓶水的公益

在社会营销的经典案例中，有这样一个有趣的案例①：一家矿泉水公司靠卖半瓶水，销售额居然提升了652%，设想如果以一瓶矿泉水的价格只卖一半的瓶装矿泉水给你，你还会买吗？那么这家公司是以什么秘诀盈利的呢？接下来我们一起探索其中的奥秘。

做成这件不可思议的事情的公司叫 Life Water。这家公司发现，在我们日常会议、聚会、闲聊等活动后，经常有人将喝了不到一半的矿泉水扔掉了。而人们每天扔掉的矿泉水加起来相当于缺水地区 80 万儿童的饮用水。Life Water 观察到，对于绝大部分人来说，平时只要半瓶水足以解渴，剩下的水总会在不经意间就浪费掉，半瓶水足以满足人们正常的需求，剩下的水就可以捐助给缺水地区的孩子们。于是公司经过慎重考虑，改变了旗下 15 家工厂 45 组装配生产线，每天生产 5000 万瓶半瓶装的矿泉水，销往 7 万家超市和便利店，而另一半水则送往严重的缺水地区，分发给日常缺水的孩子们。

起初，公司担心消费者是否买账，愿意用一瓶水的钱买半瓶矿泉水。没想到的是，Life Water 半瓶装的水一上市就得到消费者广泛关注与热情购买。首先，Life Water 新的半瓶矿泉水设计简约，吸引眼球，上面还印有缺水地区儿童的相

---

① "LIFE WATER 公益：半瓶水概念，让另一半水更有用！"，https：//www.gtn9.com/work_show.aspx？id=7031C3F171CC7A26.

片，让人们不经意间总会关注到它。其次，在每一个瓶子上都印有二维码，只要人们扫一扫，便可关注更多的缺水儿童信息。最后，产品价格不贵，只需 2 元，这让消费者在购买的同时实现了善意的捐助，没有其他复杂程序，所以参与性高、积极性强。相比用小瓶矿泉水来提倡节约或者用捐款活动来实现捐助，Life Water 将两者结合，则更加直接有效。在活动期间，53 万儿童受到了捐助，Life Water 销量增加了 652%，获得了 300 家媒体报道，超过 30 万人关注，品牌知名度也大大提高，收获了消费者的赞美与好感。公益有时比广告更有效。企业以社会营销为导向，不仅满足了社会利益，同时也使自己收获颇丰。由此可见，社会营销是一种双赢。

### 4.2.2.2　"蚂蚁森林"的社会责任营销

还有一个案例，就是大家熟知的"蚂蚁森林"①。2016 年 8 月，蚂蚁金服对旗下支付宝平台的 4.5 亿用户全面上线个人碳账户"蚂蚁森林"。这是一个可以让全球支付宝用户参与的公益游戏，鼓励用户给自己或好友的树浇水，同时鼓励用户的碳减排行为，如用步行代替开车、在线缴纳水电煤费、网络购票等。通过这些行为，用户能获得虚拟的"绿色能量"，用以在手机里养大一棵棵虚拟的树。虚拟树长成后，蚂蚁金服和公益合作伙伴就会在地球上种下一棵真树，或者对相应面积的保护地开展保护活动。

"蚂蚁森林"作为一个公益项目，上线之后获得大量好评，可能是继余额宝后，支付宝里另一个广受好评的产品。与许多公益项目只捐款不同，蚂蚁森林项目的参与用户是在用玩的方式积攒能量值并实现种树，把虚拟的树变成阿拉善一片真的梭梭树，并且可以在手机 APP 实时观看到以自己的名义种植的树，整个过程有据可查。

2017 年 12 月 5 日第三届联合国环境大会，"蚂蚁金服"受到联合国邀请参会，代表中国向全球讲述"蚂蚁森林"这个美丽而奇妙的中国故事，与世界分享中国生态文明建设经验。联合国副秘书长、联合国环境规划署执行主任埃里克·索尔海姆（Erik Solheim）称赞道："全球 2 亿人，也就是世界人口的 3%，

---

① 袁少锋等. 移动互联时代的社会责任营销创新之路——"蚂蚁森林"的案例［Z］. 中国管理案例共享中心案例库，2018.

正通过蚂蚁森林践行着绿色生活方式，蚂蚁森林的中国实践是绿色金融探索的标杆，这一模式值得全球推广。"

"蚂蚁森林"项目自 2016 年 8 月在支付宝上线后，截至 2018 年 5 月底，蚂蚁森林的参与者已经多达 3.5 亿人，种植和维护的实体树超过 5550 万棵，其中最多的就是梭梭树、花棒、沙柳、樟子松、胡杨等，合计种植面积超过 76 万亩，估计控沙超过百万亩。[①]

"蚂蚁森林"秉持公益的心态、商业的手法，不期待短期内取得交易类回报，做人人参与的公益的社会责任营销模式，积极地促进了阿里巴巴整个公司及旗下支付宝等产品的品牌形象[②]。

相反，如果企业不注重社会责任的承担，最后可能遭遇社会公众的"差评"，由此给企业带来重大损失。比如，2010 年短短几个月时间之内，富士康 13 名员工不能忍受巨大压力而跳楼自杀的事件，无论是在企业品牌形象上，还是在财务上都给富士康造成严重的负面影响。

### 4.2.2.3　社会责任营销要避免"伪善"感知

需要指出的是，通过一些社会责任营销活动积极地展示企业对社会责任和社会利益的关切时，需要让社会公众真实地感受到企业的"善"，而不要让公众形成"说一套、做一套"的"伪善"感知，否则就是受累不讨好了。这其中，避免社会公众形成"伪善"感知的关键，就是企业开展社会责任营销活动时，不要让公众明确感知到企业的经济动机。

当代经济环境下，众多企业参与一些社会责任活动时，或多或少带有一些经济动机，如希望获得媒体正面报道、社会公众积极评价。实际上，依托企业社会责任相关活动获得一些长期回报，如消费者积极评价、品牌积极联想等，是促使企业持续参与社会责任活动的重要动机。但经济动机的存在很容易导致消费者对企业"说一套、做一套"的"伪善"感知。因此，企业在保证切实履行一定社

---

①　"支付宝展示蚂蚁森林最新成果，目标直指 5 亿棵，马云获联合国称赞"，https：//baijiahao. baidu. com/s? id = 1614453812087137192&wfr = spider&for = pc.

②　现实中，还有很多类似优秀的社会责任营销案例，感兴趣的读者可以进一步阅读"7 个令人敬畏的社会责任营销例子，作为优秀企业值得一起学习共勉"，http：//www. sohu. com/a/224996568_100118597.

会责任的同时，可以采用一些信息沟通策略，避免消费者对企业经济动机的感知，进而避免对企业"伪善"的感知，最终实现承担一定社会责任的同时，获得社会公众积极评价等回报的理想状态①。

总之，秉承社会营销导向的哲学，让企业在关注顾客需求满足和企业利润实现的同时，表现出对社会责任、社会利益的关切（如阿里巴巴的"蚂蚁森林"），可以让企业及其品牌赢得社会公众的认可，这能间接促进企业的可持续发展。

## 4.3 最新的营销观念：品牌导向

随着市场环境的不断变化，指导企业发展的营销导向也在不断变化。上一节讨论顾客导向时提及，当今的中国企业应该主要秉承顾客导向，即围绕顾客的需要与欲望开展战略与营销管理活动。然而，近年来，学者们发现顾客导向也存在弊端，主要体现在：顾客导向会使企业过度关注外部的顾客需要和欲望，整个企业的发展与管理被外部的顾客需要与欲望"牵着鼻子走"。这是一种典型的由外至里（Outside – in）的管理范式。这在外部市场环境相对稳定的时期没有什么大问题。

但是在市场环境不稳定、消费者需求不断发生变化的环境下，顾客导向的弊端就会凸显出来——被顾客的需要与欲望"牵着鼻子走"的发展范式会导致企业缺乏清晰、一致、长久的产品/品牌识别或品牌价值主张，这不利于企业强势品牌的塑造。

现代企业的管理者们日益意识到，品牌是企业最重要、最核心的战略资产，塑造强势品牌对于企业获得超额利润及企业的可持续发展具有至关重要的战略意义。因此，打造强势品牌成为现代企业最重要的管理目标之一。在外部市场环境不稳定的时期，企业追求顾客导向，不断迎合顾客需要与欲望，不利于企业强势

---

① 高英，袁少锋，刘力钢. 消费者对企业伪善的惩罚机制研究［J］. 中南财经政法大学学报，2017（4）：140 – 148.

品牌的塑造。

现代战略品牌管理理论认为，强势品牌的塑造需要企业结合自身优势和企业文化理念，通过持续地投入资源与整合营销沟通，塑造长期、一致、可靠的品牌识别（Brand Identity）。学术上对品牌识别的界定是：品牌渴望创造和维持的一组独特的功能和心理联想；是品牌战略制定者期望创建或维持的目标。通俗地讲，品牌识别可以理解为品牌的身份。例如，提及"预防上火的饮料"，人们会首先想到王老吉或加多宝；说到"年轻、成功人士的座驾"，很多人会想到宝马汽车；说到高端省电的空调，很多人会想到"格力"（"一晚只需一度电"的广告语深入人心）……这些品牌通过长久的战略资源投入和整合营销沟通，向顾客传达了清晰、一致、可靠的品牌识别。

强势品牌的打造，需要企业围绕一个或几个核心价值主张点（品牌识别点或突出的品牌身份特征）持续、长久地投入资源进行塑造和宣传。而顾客导向倡导的管理范式，则是不断地迎合顾客需要和欲望。顾客需要和欲望改变了，企业的价值主张（品牌识别）也得跟着改变，因为满足顾客需要和欲望是企业的第一要务。这意味着，在市场环境不稳定的时期（顾客需要和欲望不断变化），顾客导向引领的企业，品牌识别、核心价值主张会不断随着消费者需求和欲望的变化而变化。这显然不利于企业长期、一致、可靠的品牌识别（或品牌身份）的打造，不利于企业强势品牌的构建。

为此，欧洲学者在 20 世纪末至 21 世纪初提出了品牌导向的理念[①]，强调企业内部应该根据自身优势和文化理念构建明确的品牌识别，然后结合顾客需要和欲望，塑造企业的品牌价值主张。品牌导向范式强调企业的管理活动应该围绕品牌识别的打造而展开，在品牌的框架范围内满足顾客的需要和欲望。品牌导向本质上反映了基于企业视角的品牌观念，这一观念将品牌作为公司最重要的战略资产，视品牌为企业竞争优势最重要的来源。

---

① 感兴趣读者可以进一步阅读：Urde M. Brand Orientation—A Strategy for Survival［J］. Journal of Consumer Marketing, 1994, 11（3）: 18 - 32; Urde M. Brand Orientation: A Mindset for Building Brand into Strategic Resource［J］. Journal of Marketing Management, 1999, 15（1/3）: 117 - 133; Urde M., Baumgarth C., Merrilees B. Brand Orientation and Market Orientation—From Alternatives to Synergy［J］. Journal of Business Research, 2013, 66（1）: 13 - 20.

品牌导向反映了一种由内至外（Inside-out）的发展范式。以品牌为导向的企业，首先根据自身内在的优势及高层管理者或创业者的理念，塑造品牌识别和品牌价值主张，即搞清楚相比于竞争品牌，企业产品品牌的独特卖点是什么、能够为顾客提供什么样的独特价值；在此基础上满足顾客需要和欲望。此后，企业的管理活动围绕品牌识别和价值主张的强化和持久的深入人心而展开，这可以理解为强势品牌的塑造过程。最终目标是在市场上打造强势品牌，依托品牌构建企业的核心竞争优势。

现实的案例也反映了顾客导向的弊端，以及品牌导向的重要性。一个突出的例子就是美国曾经非常著名的时尚品牌 GAP。创立于 1969 年的 GAP 曾经一度发展成为同 ZARA 和 H&M 比肩的时尚品牌。但是近年来，该品牌的市场占有率、销售额和利润都呈现大幅下滑的趋势，企业不断裁员和关闭门店。内在的原因，与企业近年来倡导的营销导向有直接关系。

GAP 近年来一直高度重视顾客导向，强调产品设计、款式等对消费者需要和欲望的满足。21 世纪初，GAP 为了迎合年轻消费者的青睐，对产品和品牌进行了重新定位和设计，推出青少年喜欢的具有个性化的产品，如粉色夸张的裤子、迷你裙等。但后来，GAP 发现，企业在极力迎合年轻消费者的同时，原来相对年长的老顾客纷纷流失。而在年轻消费者的心里，GAP 则是一款主要面向相对年长消费者的品牌。结果，正如《纽约时报》的报道：作为曾经的时尚界的销量霸主，GAP 在 2014 年竟然被福布斯评为未来十年最有可能消失的十个时装品牌之一，背后的因素也许就是 GAP 品牌盲目讨好所有消费者。① GAP 的案例意味着，过度聚焦顾客需要和欲望（顾客导向），而忽略长期、一致、可靠的品牌识别塑造（品牌导向），对品牌和企业的未来而言可能是灾难。

写到这里，笔者想起了国内最近比较火的手机品牌 OPPO，其品牌口号从前几年深入人心的"充电 5 分钟、通话两小时"，到后来的"前后 2000 万、拍照更清晰""这一刻、更清晰"，以及后来的"引领 4G、至美一拍""会旋转的镜头、OPPON3"……品牌的价值主张（或品牌识别）一直在改变。这从迎合顾客需要的角度（贯彻顾客导向）可能是合理的。但是，从品牌塑造的角度看，这样做

---

① "因为想讨好所有消费者结果 GAP 没落了"，http：//news. ladymax. cn/201601/18-29706. html.

可能并不科学。因为品牌口号或品牌识别总在变，几年之后，并不能给消费者留下一个清晰、一致的品牌识别。也就是说，在经营和宣传若干年之后，一说到OPPO品牌，人们可能并不会有一个清晰的印象，不像一想到沃尔沃，人们能想到"安全"，一说到海飞丝，人们能想到"去屑"。

品牌导向强调通过持续的品牌识别塑造，去改变消费者的习惯与需求偏好，引领他们的需求。品牌导向的公司不断塑造公司品牌、传递价值与象征意义，引领顾客需求。这与顾客导向的公司让顾客需要与欲望单方面引领企业战略与行为的范式是不同的。

说到这里，有的人可能会疑惑：那上一节为什么还倡导中国企业要追求顾客导向？这里需要说明的是，品牌导向的前提是企业的产品质量、服务水平要达到一定的高度。只有在产品质量、服务水平保持较高水准的情况下，企业重视品牌识别、价值主张的塑造，通过品牌构建竞争优势才具有基础。

而现实的情况是，众多中国企业在产品质量、服务水平上还有巨大的提升空间。企业不重视消费者权益甚至侵害顾客利益的事件时有发生。2008年爆发的乳制品行业的"三聚氰胺事件"，一直到现在都还影响着众多消费者对国产乳制品的信心。

另外，众多中国企业仍处于"微笑曲线"附加值最低的中间端，秉承着生产或产品导向。例如，长江三角洲、珠江三角洲地区的打火机产业集群、领带产业集群，还有鞋子、服装、圆珠笔产业集群等，相关的企业仍然专注于如何以尽可能低的成本、最高的效率生产产品，主要给大品牌"贴牌生产"，给大品牌"打工"。

众多中国企业缺乏对顾客需要和欲望的重视（缺乏顾客导向），这样的结果就是企业不重视甚至侵害消费者权益。另外，缺乏顾客导向，缺乏对顾客需要和欲望的研究和理解，企业想从传统的生产导向、给大品牌"打工"的困局中解脱出来，也缺乏解脱的依据。传统秉承生产导向的企业想要转型、提高附加值，必须在理解顾客需要和欲望的基础上，专注于为顾客创造独特价值，打造顾客满意度和顾客忠诚度。为此，上一节提出，针对众多中国企业，我们主要倡导的是顾客导向。希望企业真正重视顾客需要和欲望，重视通过满足顾客需要、为顾客提供卓越价值，来打造产品竞争力。

实际上，本节讨论的品牌导向，也不能脱离对顾客需要和欲望的理解。毕竟品牌识别、品牌价值主张的塑造，最终还是服务于顾客需要和欲望的满足。从长远来看，科学的营销观念应该是兼顾顾客导向与品牌导向，相关内容将在下一章进行分析。

# 5 科学营销的理念：内外兼修的战略导向

科学的营销管理在战略理念上应该秉承内（以品牌为导向）、外（考虑顾客需求与欲望）兼修的战略导向，即在充分考虑外部顾客需求与欲望的基础上，围绕品牌塑造，构建竞争力，获取竞争优势。这样才能更有利于企业获取竞争优势，实现可持续发展。

第5.1节阐述为什么要秉承"内外兼修"的战略导向，第5.2节阐述现代企业贯彻"品牌导向"的逻辑与策略。

## 5.1 秉承"内外兼修"战略导向的缘由

战略导向是指企业为了获得持续的卓越经营绩效、创造合适的战略行为而贯彻的战略方向[①]。例如，以竞争为导向的企业密切监控竞争者的战略举措，并基于自身的优势和劣势进行及时的反应，期望借此获得竞争优势。以顾客为导向的企业则强调对目标顾客的需要和欲望进行深刻理解，在此基础上通过持续的顾客

---

① Gatignon H., Xuereb J. M. Strategic Orientation of The Firm and New Product Performance ［J］. Journal of Marketing Research，1997，34（1）：77-90.

价值创造和顾客维系来获得竞争优势①。高层管理者秉承的战略导向不同，企业的战略行为也将出现差异，最终导致企业经营绩效的差异。

以往的研究指出，企业获得持续竞争优势和卓越绩效的关键是：持续并且比竞争对手更好地为目标顾客创造卓越价值②。因此，已有文献倡导企业要聚焦于顾客和竞争者③。以顾客为导向的企业，持续地关注理解目标顾客的需要和欲望，为目标顾客创造卓越价值。以竞争为导向的企业则强调对当前及潜在重要竞争者的短期优势与劣势、长期能力与战略的理解，关注于如何比主要竞争者更好地满足顾客需要和欲望④。

然而，在当前的市场环境下，消费者需要不断升级、移动互联网快速普及、大数据技术快速应用，让企业的竞争与发展范式发生深刻变革。这使传统竞争和顾客导向的弊端不断显现。

➢ 聚焦于竞争的企业，密切关注竞争对手的行动并力图做出及时（被动的）反应，这可能导致：企业缺乏稳定的发展战略，疲于应对竞争而忽视对目标顾客核心诉求的理解与回应，将企业引向"同质化"竞争、"价格战"的旋涡。

➢ 聚焦于顾客的企业，专注于理解并迎合不断变化的顾客需要，可能导致：企业热衷于追求短期顾客满意与市场份额，忽视对顾客未来需要变化趋势的深刻洞察，只重视小的产品改进，忽视重大的产品创新，忽视持续、一致、稳定的品牌识别塑造⑤。

传统竞争和顾客导向的弊端促使人们思考：在当前的市场环境下，聚焦竞争

① Menguc B. , Auh S. A Test of Strategic Orientation Formation Versus Strategic Orientation Implementation：The Influence of TMT Functional Diversity and Inter – functional Coordination ［J］. Journal of Marketing Theory and Practice, 2005, 13（2）：4 – 19.

② Narver J. , Slater S. F. The Effects of a Market Orientation on Business Profitability ［J］. Journal of Marketing, 1990, 54（10）：20 – 35；Slater S. F. , Narver J. C. Market Orientation and the Learning Organization ［J］. Journal of Marketing, 1995, 59（3）：63 – 74.

③ Menguc B. , Auh S. A Test of Strategic Orientation Formation Versus Strategic Orientation Implementation：The Influence of TMT Functional Diversity and Inter – functional Coordination ［J］. Journal of Marketing Theory and Practice, 2005, 13（2）：4 – 19.

④ Zhou K. Z. , Li C. B. How does Strategic Orientation Matter in Chinese Firms? ［J］. Asia Pacific Journal of Management, 2007, 24（4）：447 – 466.

⑤ Shapiro B. R. , Rangan V. K. , Sviokla J. J. Staple Yourself to an Order ［J］. Harvard Business Review, 2004, 82（7/8）：162 – 171；Frosch R. A. The Customer for R&D is Always Wrong! ［J］. Research Technology Management, 1996, 39（6）：22 – 25.

和顾客战略导向，还能在多大程度上帮助企业获取卓越绩效？企业是否应该追求新的战略导向或导向组合？

为了应对传统竞争与顾客导向的弊端，学者们提出并倡导一种新的战略导向——品牌导向。品牌导向是指企业在与目标顾客持续互动的过程中，围绕品牌识别的建立、发展与保护来开展管理流程，最终让企业依托品牌实现竞争优势的一种战略导向①。品牌导向是与竞争导向、顾客导向相关联，但存在明显差异的企业发展战略导向。后两者是建立在顾客需要和欲望、竞争者等外部因素基础上的战略导向。而以品牌为导向的公司的首要目标是通过长期、一致的品牌识别塑造，建立强大的品牌，将品牌作为企业资源配置和战略制定的核心。

根据以上论述，在当前的市场环境下，针对传统的竞争与顾客导向，以及近年来学者们倡导的品牌导向，哪一种或哪种组合在预测企业绩效的变化方面更具解释力？为此，我们展开一项实证研究。鉴于本书在语言表达上追求通俗、易懂，接下来，我们只是简单描述一下研究的过程，在此基础上着重于介绍研究结论与实践启示。

具体地，我们通过一项基于二手数据的分析研究和一项基于问卷调查的研究，对比考察了竞争导向、顾客导向和品牌导向对企业绩效的影响效应。在介绍具体的研究过程与结论之前，先回顾传统竞争导向、顾客导向及各自的弊端，近年来学者们提出并倡导的"品牌导向"，以及三种战略导向对企业绩效影响的理论逻辑。

### 5.1.1　竞争导向及其弊端

竞争导向指企业专注于了解现有和潜在竞争者的短期优劣势、长期能力和战略，并据此制定行动策略。著名战略学者迈克尔·波特（1985）曾指出，竞争优势是竞争性市场中企业绩效的核心决定要素②。因此，为了获取持续竞争优势，秉承竞争导向的企业将竞争对手作为参照对象，分析自身和竞争对手的优劣势，

---

①　Urde M. Brand Orientation：A Mindset for Building Brand into Strategic Resource［J］. Journal of Marketing Management，1999，15（1/3）：117－133.

②　Porter M. Competitive Advantage：Creating and Sustaining Superior Performance［M］. New York：Free Press，1985.

旨在领先或至少同步于竞争者①。

以竞争为导向的企业，在目标市场上获取既有及潜在竞争对手的信息，并将其在组织内部进行扩散分享，在此基础上，分析既有及潜在竞争对手的短期优劣势、长期能力与战略，尤其是关注竞争对手在满足顾客需求上的整套技术能力，在此基础上快速响应竞争者行动，从而有针对性地发展自己的竞争优势。因此，竞争导向对于企业来说，一方面可能使企业更好地理解市场，更准确地预测竞争对手动机，更快地满足顾客需求；另一方面，可能会帮助企业抵御风险，防御对手的攻击，权衡竞争对手与企业自身的优劣势，从而有助于企业比竞争对手更快地发现市场机会并采取行动，助力企业获得相对竞争优势。

因此，一些研究认为，竞争导向会对企业绩效产生促进作用②。事实上，先前的研究揭示，竞争导向正向影响到顾客满意度与忠诚度等方面的结果变量③，还能带来高的员工团队精神、工作满意度和组织承诺水平，从而促进企业绩效④。竞争导向的企业还因为在成本和投资方面更具有效率，更容易抢占先机，因而往往会比竞争对手有更好的盈利能力⑤。

但随着市场环境的变化和相关研究的深入，学者们开始指出：高度重视竞争导向可能对企业是有害的⑥。首先，竞争导向的企业发现竞争对手实施新的战略就会改变他们的战略或策略以应对变化，因而竞争导向公司的战略通常是不稳定的；不稳定的战略并不利于企业获得长期竞争优势和卓越绩效。其次，秉承竞争

---

① Han J. K., Kim N., Srivastava R. K. Market Orientation and Organizational Performance: Is Innovation a Missing Link? [J]. Journal of Marketing, 1998, 62 (4): 30 – 45.

② Narver J., Slater S. F. The Effects of a Market Orientation on Business Profitability [J]. Journal of Marketing, 1990, 54 (10): 20 – 35.

③ Kohli A. K., Jaworski B. J. Market Orientation: The Construct, Research Propositions and Managerial Implications [J]. Journal of Marketing, 1990, 54 (2): 1 – 18.

④ Li Y., Zhao Y., Tan J., Liu Y. Moderating Effects of Entrepreneurial Orientation on Market Orientation – performance Linkage: Evidence from Chinese Small Firms [J]. Journal of Small Business Management, 2008, 46 (1): 113 – 133.

⑤ Day G. S. Creating a Market – driven Organization [J]. Sloan Management Review, 1999, 41 (1): 11 – 22.

⑥ 王伟光. 结构性过剩经济中的企业竞争行为——以彩电企业"价格联盟"的终结和价格战再起为例 [J]. 管理世界, 2001 (1): 170 – 177; 杜丹清. 互联网助推消费升级的动力机制研究 [J]. 经济学家, 2017 (3): 48 – 54; 郭斌. 我国彩电产业的价格竞争、价格战与产业绩效 [J]. 中国工业经济, 2001 (7): 55 – 60.

导向可能会使企业疲于应对竞争对手的策略，而忽视目标顾客的核心利益诉求；这在消费者需求多样化且多变的市场环境下，不利于为顾客创造卓越价值，维系顾客。最后，在中国，高度认同竞争导向的企业由于缺乏产品或服务的差异化，导致他们热衷于"价格战"，而其他竞争者则被迫卷入"价格战"，这会提升整个行业的竞争激烈度，降低行业内各企业的绩效水平。

### 5.1.2 顾客导向及其潜在的弊端

顾客导向是指企业充分了解目标市场的顾客需求，并持续地将顾客利益放在第一位，以创造卓越顾客价值和顾客满意的战略导向。顾客导向的主张与彼得·德鲁克"企业的唯一目标就是创造顾客"[1] 的观念是一致的。以顾客为导向的企业，积极关注顾客的需要、态度及行为，希望充分了解顾客心目中关于本企业产品的独特价值及预测顾客需求的变化，同时还希望通过创新为客户提供更符合其需要的产品和服务。

顾客导向本质上是一种企业文化和经营理念。将顾客利益放在首要位置，促使企业始终关注顾客需要。企业一旦认可了这种文化，便会体现在行动上。例如，一方面，秉承顾客导向的企业更可能产生跨部门的合作，从而有利于信息在组织范围内的传播和理解，这使企业各部门和所有员工都能更好地了解顾客的需要，进而在生产产品和提供服务时积极回应顾客需要。另一方面，顾客导向的企业更加重视公司的售后服务，积极回应顾客的不满和抱怨；企业围绕顾客的这些努力，会增强顾客对企业的承诺，赢得顾客满意，培养更多忠诚顾客。因此，先前的文献认为，顾客导向程度高的企业更容易实现卓越绩效[2]。

同样，随着市场环境的变化及相关研究的深入，人们也逐渐发现顾客导向的弊端。首先，以 Shapiro 等（2004）为代表的学者指出[3]，顾客导向所倡导的密切关注消费者需要和欲望的理念，可能导致企业盲目地接近消费者；鉴于消费者

① 彼得·德鲁克. 管理的实践 [M]. 齐若兰译. 北京：机械工业出版社，2009：28.

② Kohli A. K. , Jaworski B. J. Market Orientation：The Construct，Research Propositions and Managerial Implications [J]. Journal of Marketing，1990，54（2）：1－18；Slater S. F. , Narver J. C. Market Orientation and the Learning Organization [J]. Journal of Marketing，1995，59（3）：63－74.

③ Shapiro B. R. , Rangan V. K. , Sviokla J. J. Staple Yourself to an Order [J]. Harvard Business Review，2004，82（7/8）：162－171.

有着多样化、不断变化及有时候自相矛盾的需要，顾客导向在指导企业长期发展上可能存在局限性。如果某个企业仅仅专注于满足顾客需要和欲望，可能会将企业引向短视、追求短期绩效而忽略企业长期利益的发展轨道上来。

其次，与顾客导向相伴随的高水平顾客满意，可能致使企业不思进取，只追求增量的、细微的产品改进和短视的研发方案[①]。这会使企业在不知不觉中丧失根本性创新的能力和动力。

再次，基于顾客导向，总是不断迎合顾客需要和欲望以创造顾客愉悦和满意的做法，不利于企业构建清晰的品牌识别[②]。实践上，不断迎合顾客的机会主义做法通常意味着较弱的品牌完整性和一致性。

最后，在技术动荡的市场环境下，更好满足顾客需要的产品与服务，更大程度上由行业内外的新技术所决定[③]。由此，聚焦于洞察顾客需要与欲望的顾客导向，在技术动荡的情境下，可能并不能帮助企业获得更好的绩效。事实上，Kumar 等（2011）跨九年期的实证研究揭示，在技术动荡程度高的情境下，顾客导向并不能为企业带来更好的绩效（销售额与利润）[④]。

在当前的中国市场环境下，以移动互联网、大数据系统为代表的新技术，一方面不断引领着消费者需要的升级，另一方面不断重塑企业的产品设计、生产与交付方式。中国当前的市场环境具有明显的技术动荡性特征，因而仅仅秉承顾客导向可能并不会为企业带来高绩效。

### 5.1.3 品牌导向

与传统的顾客导向以顾客为中心，仅关注"满足目标顾客的欲望和需求"不同，品牌导向通过更加强调组织的使命、愿景和价值观，挑战"顾客总是正确

① Deshpandé R. , Farley J. U. , Webster Jr F. E. Corporate Culture, Customer Orientation, and Innovativeness in Japanese Firms: A Quadrad Analysis [J] . Journal of Marketing, 1993, 57 (1): 23 – 37.

② Urde M. Brand Orientation: A Mindset for Building Brand Into Strategic Resource [J] . Journal of Marketing Management, 1999, 15 (1/3): 117 – 133; Urde M. , Baumgarth C. , Merrilees B. Brand Orientation and Market Orientation—From Alternatives to Synergy [J] . Journal of Business Research, 2013, 66 (1): 13 – 20.

③ Zhou K. Z. , Li C. B. How does Strategic Orientation Matter in Chinese Firms? [J] . Asia Pacific Journal of Management, 2007, 24 (4): 447 – 466.

④ Kumar V. , Jones E. , Venkatesan R. , et al. Is Market Orientation a Source of Sustainable Competitive Advantage or Simply the Cost of Competing? [J] . Journal of Marketing, 2011, 75 (1): 16 – 30.

的"战略导向范式；要求企业在品牌框架内满足顾客的需要和欲望①。品牌导向不仅关注顾客需要与欲望，更是将品牌置于公司战略的核心位置，将品牌作为资源分配和战略制定的中心。因而可以将品牌导向理解为指导企业发展的一种新的战略范式。

将品牌作为关键的战略资产，可以帮助企业创造价值与竞争优势。品牌能够转变为战略资产，从而为企业带来许多有价值的资源、持续的竞争力及持久的成功。同时，强大的品牌是顾客重复购买的保证。品牌导向为强大品牌的发展提供了一种整合机制。因此，能否贯彻品牌导向可能是当前市场环境下企业获取竞争优势的决定性要素②。

另外，根据资源基础理论，企业竞争优势来源于企业的特殊资源；特殊资源应当是有价值、稀缺、难以模仿、难以替代，并且能够以低于价值的价格为企业所取得③。品牌正是这样一种特殊的异质性资源。拥有强势品牌的企业往往能够获得品牌溢价，收获超额利润。以品牌为导向，不断开发与提升品牌资产，能够帮助企业提升竞争力并获取超额利润④。

以上分析意味着，竞争导向和顾客导向作为传统的战略导向，对企业发展产生了重要的影响。然而在当前的市场环境下，竞争导向和顾客导向的弊端日益凸显，这可能导致两者在解释企业绩效的变化上效力减弱。而品牌导向作为一种新的战略导向，强调依托品牌进行资源分配与战略制定，打造有独特定位和价值主张的品牌是该战略的核心。秉承品牌导向的企业，在当前的市场环境下，更有可

① Urde M. , Baumgarth C. , Merrilees B. Brand Orientation and Market Orientation—From Alternatives to Synergy ［J］. Journal of Business Research，2013，66（1）：13 – 20.

② Baumgarth C. Living the Brand：Brand Orientation in the Business – to – Business Sector ［J］. European Journal of Marketing，2010，44（5）：671 – 673；Wong H. Y. , Merrilees B. A Brand Orientation Typology for SMEs：A Case Research Approach ［J］. Journal of Product and Brand Management，2005，14（3）：155 – 162；Wong H. Y. , Merrilees B. The Performance benefits of Being Brand – orientated ［J］. Journal of Product and Brand Management，2008，17（6）：372 – 383.

③ Barney J. Firm Resources and Sustained Competitive Advantage ［J］. Journal of Management，1991，17（1）：99 – 120.

④ Huang Y. , Tsai Y. Antecedents and Consequences of Brand – oriented Companies ［J］. European Journal of Marketing，2013，47（11/12）：2020 – 2041；Wong H. Y. , Merrilees B. Closing the Marketing Strategy to Performance Gap：The Role of Brand Orientation ［J］. Journal of Strategic Marketing，2007，15（5）：387 – 402；Wong H. Y. , Merrilees B. The Performance Benefits of being Brand – orientated ［J］. Journal of Product and Brand Management，2008，17（6）：372 – 383.

能依托长期、一致、可靠的品牌塑造而培育并获取竞争优势，从而取得卓越绩效。据此，我们提出：

命题 1：相比竞争导向和顾客导向，品牌导向对企业绩效具有更大的正向影响效应。

### 5.1.4　品牌导向与顾客导向的积极交互

品牌导向的核心主张是：基于品牌阐述企业的核心价值观和承诺（品牌代表什么），让其指导企业的运营方式，并且将基于品牌的核心价值观和承诺转化为外在顾客价值（品牌能够提供什么、应该如何被感知)[1]。品牌导向体现了一种由内至外（Inside – out）的发展范式，强调通过持续的品牌识别（品牌渴望创造和维持的一组独特的功能和心理联想）塑造来满足外在的顾客需要和欲望。Urde（1999）通过对雀巢、杜邦、利乐及法玛西亚普强公司的案例研究发现[2]，在以品牌为导向的公司，组织目标是围绕品牌来创造价值，品牌（而不是无条件地满足顾客需求）是企业与目标客户互动的战略平台，公司愿景与使命都是围绕品牌来阐述核心价值创造。

与之相对应，顾客导向体现了一种由外至内（Outside – in）的企业发展范式。顾客导向是建立在消费者需要和欲望等外部因素基础上的战略导向。以顾客为导向的公司，追求在目标市场中更好地识别并满足顾客需要和欲望。

在 Urde 等（1999）起初提出品牌导向时，人们倾向于将其同顾客导向对立起来，认为品牌导向是顾客导向的替代。但在随后的案例研究中，研究者们发现，两者其实可以有机结合起来[3]。现实中，两类导向可以结合为顾客—品牌导向或品牌—顾客导向。前者指企业起初关注于顾客需要和欲望，在随后的经营中发现品牌识别的塑造也至关重要。由此，企业最终发展成为顾客—品牌导向型企

① Lee W. J. , O' Cass A. , Sok P. Unpacking Brand Management Superiority：Examining The Interplay of Brand Management Capability, Brand Orientation and Formalisation ［J］. European Journal of Marketing, 2017, 51（1）：177 – 199.

② Urde M. Brand Orientation：A Mindset for Building Brand Into Strategic Resource ［J］. Journal of Marketing Management, 1999, 15（1/3）：117 – 133.

③ Urde M. , Baumgarth C. , Merrilees B. Brand Orientation and Market Orientation——From Alternatives to Synergy ［J］. Journal of Business Research, 2013, 66（1）：13 – 20.

业；这类企业首要强调的是市场与顾客，但品牌识别同样显著地影响企业的文化与战略行为（如瑞典的 Electrolux 公司）。后者指企业首要重视的是企业品牌识别（企业希望持续向顾客传达的定位和价值主张），但企业也重视顾客如何看待与理解品牌，顾客的需要和欲望也显著地影响组织文化和企业战略行为（如 Volvo 公司）。将倡导由内至外的品牌导向（品牌识别驱动）和由外至内的顾客导向（顾客需要与欲望驱动）有机结合起来，可能会产生更好的绩效。据此，我们提出：

命题 2：顾客导向和品牌导向正向交互影响企业绩效，即顾客导向和品牌导向程度都高的企业，有更好的绩效水平。

### 5.1.5 品牌导向、品牌绩效与财务绩效

秉承品牌导向的企业，将品牌作为长期经营的目标，借此创造价值和提高竞争力。Wong 和 Merriles（2007）等的研究也揭示[1]，品牌导向能够通过声誉、强大的品牌知觉、品牌忠诚来提高营销绩效。当一个公司具有较高的品牌导向程度时，它也将具有较高的品牌绩效，如更好的品牌忠诚度、品牌知名度和声誉等。

品牌绩效是一个公司进行品牌营销活动后产生的结果，它反映了一个品牌在市场上的成功程度。凯勒（2014）将品牌绩效定义为由顾客对某个品牌的了解而引起的一系列品牌营销活动中的不同效果，如品牌认知度、知名度、联想度及忠诚度[2]。高水平的品牌绩效最终将通过顾客的积极认知、联想、忠诚等，转化为市场份额、盈利能力及销售增长率方面的财务绩效。据此，我们提出：

命题 3：品牌导向通过促进品牌绩效，进而正向影响企业财务绩效。

### 5.1.6 基于二手数据的实证检验[3]

5.1.6.1 数据来源及样本特征

2017 年 6 月，通过国泰安 CSMAR 数据库获得全部中国上市公司证券代码，

---

① Wong H. Y. , Merrilees B. Closing the Marketing Strategy to Performance Gap: The Role of Brand Orientation [J]. Journal of Strategic Marketing, 2007, 15 (5): 387 – 402; Wong H. Y. , Merrilees B. The Performance Benefits of Being Brand – orientated [J]. Journal of Product and Brand Management, 2008, 17 (6): 372 – 383.

② 凯文·莱恩·凯勒. 战略品牌管理 [M]. 吴水龙，何云译. 北京：中国人民大学出版社，2014.

③ 对分析过程不感兴趣的读者，可以跳过本节和下一节，直接看 5.1.8 节的结论。

然后利用 SPSS 的随机抽取功能，抽取 40% 的样本。共抽取 1164 个有效样本点，剔除 ST 的样本，最终有 1114 份样本进入数据分析。根据抽取样本的证券代码，进一步从 CSMAR 数据库中提取或人工判断上市公司相关变量的数据。

所抽取的样本公司的描述性统计特征为：截至 2016 年底，公司成立年数均值 M = 17.67 年，标准差 SD = 5.42；2016 年底，公司员工人数均值 M = 6431.82 人，SD = 22277.13；国有企业 404 家（CSMAR 数据库中股东实质控制人类型为"国有企业""集体所有制企业""行政机关事业单位""中央机构""地方机构"的界定为国有企业），非国有企业 675 家，所有制性质缺失 43 家；董事长年龄均值 M = 54.70 岁，SD = 7.12；董事长受教育程度方面，大专以下占 48.2%、大专占 6.6%、本科占 14.9%、硕士占 24.6%，博士及以上占 5.9%；董事长性别方面，男性占 95.0%，女性占 5.0%。

### 5.1.6.2 变量的测量方法

关于竞争导向和顾客导向的测量，参考了已有相关研究[1]，提炼相应的测量量表。竞争导向测量量表是：①我们公司定期监控竞争对手的营销投入；②我们公司经常收集竞争对手的营销数据，以指导我们自己的营销计划；③我们公司的员工被授意监督和报告竞争对手的活动；④我们公司会对竞争对手的行动快速做出反应；⑤我们公司的高层管理者经常讨论竞争者的行动。

本研究根据上述五个方面，提炼了五条人工判定标准，分别是企业年报中是否提及：①监控竞争对手；②收集竞争对手信息；③员工关注竞争对手；④对竞争对手做出反应；⑤高层关注竞争。然后参考 Kashmiri 和 Mahajan（2017）的研究方法[2]，让两位研究生助手根据每家被抽中上市公司样本 2014 年和 2015 年的年报，独立判断每家公司 2014 年、2015 年的竞争导向程度。具体是根据 5 点打

① Gray B., Matear S., Boshoff C., et al. Developing a Better Measure of Market Orientation [J]. European Journal of Marketing, 1998, 32 (9/10): 884 – 903; Narver J., Slater S. F. The Effects of a Market Orientation on Business Profitability [J]. Journal of Marketing, 1990, 54 (10): 20 – 35; Reijonen H., Laukkanen T., Komppula R., Tuominen S. Are Growing SMEs More Market – oriented and Brand – oriented? [J]. Journal of Small Business Management, 2012, 50 (4): 699 – 716.

② Kashmiri S., Mahajan V. Values that Shape Marketing Decisions: Influence of Chief Executive Officers' Political Ideologies on Innovation Propensity, Shareholder Value, and Risk [J]. Journal of Marketing Research, 2017, 54 (2): 260 – 278. 下同。

分法赋值，如果样本公司在上述五个标准上都"完全不符合"，则赋值0；若有一个方面符合，赋值1；两个方面符合，赋值2；三个方面符合，赋值3；四个及以上方面符合，赋值4。最后，两位研究生针对两者判断有明显差异（赋值差别在2以上）的样本进行协商，再确定一个协商的结果作为判定值。

顾客导向的测量量表：①我们公司一直围绕产品在寻找方法，来为顾客创造更好的价值（顾客价值）；②我们公司鼓励顾客发表意见和投诉，因为这有助于我们做得更好（顾客反馈）；③我们公司的经营目标受顾客满意度驱动；④我们公司定期测量顾客满意度（顾客满意度）；⑤售后服务是我们公司经营战略的重要组成部分（售后服务）；⑥我们公司对顾客有很高的承诺（顾客承诺）。类似地，让另外两位研究生助手独立判定所抽取样本公司2014年、2015年的顾客导向程度。如果针对"顾客价值""顾客反馈""顾客满意度""售后服务""顾客承诺"五个方面，样本公司提及四个及以上方面，则赋值4；提及三个方面，赋值3；提及两个方面，赋值2；仅提及一个方面，赋值1；一个方面都没提，赋值0。同样，让两位研究生针对有明显差异的判断值进行协商后，再确定一个新的赋值。

品牌导向的测量，综合分析已有文献①，确定通过如下五个题项来衡量一家公司的品牌导向：①品牌是公司的使命和战略核心；②公司的主要目标是通过品牌打造竞争优势；③公司的所有人都掌握公司产品/服务的价值主张和定位，并且将所掌握的这些知识应用于工作中；④公司所有人都明白，本公司的品牌和竞争者的品牌有明显不同；⑤公司整合各种沟通渠道，向顾客传递企业品牌定位和品牌价值主张，并建立品牌附加价值。根据这五个方面，衍生出五个判定标准：①品牌是否为公司的战略核心；②是否依托品牌形成竞争优势；③在业务层面是否强调品牌；④是否提及面向员工的品牌相关培训；⑤公司的营销沟通方面是否

---

① Huang Y., Tsai Y. Antecedents and Consequences of Brand – oriented Companies［J］. European Journal of Marketing, 2013, 47（11/12）：2020 – 2041；Reid M., Luxton S., Mavondo F. The Relationship Between Integrated Marketing Communication, Market Orientation, and Brand Orientation［J］. Journal of Advertising, 2005, 34（4）：11 – 23；Urde M. Brand Orientation：A Mindset for Building Brand into Strategic Resource［J］. Journal of Marketing Management, 1999, 15（1/3）：117 – 133；Urde M., Baumgarth C., Merrilees B. Brand Orientation and Market Orientation—From Alternatives to Synergy［J］. Journal of Business Research, 2013, 66（1）：13 – 20.

提及品牌。参照 Huang 和 Tsai（2013）关于品牌导向的量化研究①，让另外两位研究生助手独立根据上述五个判定标准，基于 6 点量表给出判定分②，五个及以上方面都符合，品牌导向赋值"5"，四个方面符合赋值"4"，以此类推，都不符合赋值"0"。两位研究生同样对于有明显区别的判定值进行协商和再赋值。

此外，品牌导向的测量还通过年报中"品牌"一词出现的次数这一客观指标进行测量。我们的逻辑是，在年报中提及品牌的次数能够反映公司层面依托品牌、重视品牌的程度。具体针对每家样本公司的年报，统计其中"品牌"一词出现的次数。最终参考 Kashmiri 和 Mahajan（2017）的做法，将两位研究生对品牌导向的主观评分及客观的品牌次数统计，都计算标准化得分。然后综合这两个得分，得到企业的品牌导向程度得分。本研究中，基于 2014 年年报主观判定的品牌导向程度和客观的"品牌"出现次数两者高度相关，Pearson 相关系数 r = 0.61，p < 0.001；主、客观标准化得分的两个指标的一致性信度为 Cronbach's α = 0.75；基于 2015 年年报判定的两个指标的相关系数 r = 0.63，p < 0.001；主、客观两个指标的 Cronbach's α = 0.77；具备良好的一致性信度。

企业绩效的测量。主要选取两个指标——总资产净利润率和每股收益来衡量企业的财务绩效水平。具体是从国泰安 CSMAR 数据库，根据本研究抽样上市公司的"证券代码"，匹配获得各样本公司 2015 年 12 月 31 日和 2016 年 12 月 31 日的总资产净收益率和每股收益数据。之所以还收集 2016 年底的绩效数据，是想考察基于 2014 年、2015 年的年报信息判定的竞争导向、顾客导向及品牌导向，是否对企业 2016 年的绩效仍然有显著影响，判定研究结果的稳健性。

控制变量方面，收集了样本企业的"在职员工人数"来衡量企业规模、企业所有制性质（根据实际控制人性质判定）、成立年数（截至 2016 年 12 月 31 日）；还收集了样本企业领导者（CEO 或董事长）的性别、年龄（截至 2016 年

---

① Huang Y., Tsai Y. Antecedents and Consequences of Brand – oriented Companies ［J］. European Journal of Marketing, 2013, 47（11/12）: 2020 – 2041. 下同。

② 品牌导向的判定根据 6 点量表赋分，而竞争导向、顾客导向的判定根据 5 点量表赋分；这是因为品牌导向的判定工作先完成，中间研讨总结时，两位研究生助手指出赋分差距太大会给判定工作增加难度；于是，后期开展竞争导向和顾客导向判定时，采用了 5 点量表赋分法。为了保障品牌导向判定的有效性，参考 Kashmiri 和 Mahajan（2017）最近的研究，补充了"品牌"一词在年报中出现次数的统计，通过主、客观两种方式提高品牌导向测量的可靠性。

12月31日）、最高学历信息。另外，考虑到企业所属行业的潜在影响，还针对行业设计了两个虚拟变量：是否为制造业（1＝是，0＝否）、是否为服务业（1＝是，0＝否）。

### 5.1.6.3　数据分析及结果

首先，为了反映所抽取样本公司的竞争导向、顾客导向和品牌导向程度，对研究采集相关变量进行描述性统计，结果如表5－1所示。

**表5－1　样本公司竞争导向、顾客导向和品牌导向程度均值和标准差（N＝1114）**

|  | 竞争导向 | | 顾客导向 | | 品牌导向 | | "品牌"出现次数 | |
|---|---|---|---|---|---|---|---|---|
|  | 2014年 | 2015年 | 2014年 | 2015年 | 2014年 | 2015年 | 2014年 | 2015年 |
| 均值 | 2.76 | 2.88 | 1.49 | 1.55 | 2.56 | 2.92 | 7.12 | 9.38 |
| 标准差 | 0.69 | 0.69 | 1.04 | 1.04 | 1.41 | 1.31 | 11.46 | 13.45 |

注：因为针对每家样本企业，都根据其2014年、2015年的年报进行判断，因此每个变量都对应有两个年份的值。

其次，为了考察竞争导向、顾客导向和品牌导向对企业绩效的差异化影响效应，采用最优尺度回归对所采集样本数据进行分析，因为最优尺度回归能够根据标准化系数和相关系数计算出自变量在模型中的重要程度，某自变量的重要性系数越大，表明该自变量对因变量的预测越重要[1]。在分析中将因变量"总资产净利润率""每股收益"设置为"数值型"变量；将自变量品牌导向设置为"数值型"，因为品牌导向是根据主、客观两种方法计算标准化分后取平均数得到；将竞争导向和顾客导向分别设置为"有序型"变量。

尺度回归分析的结果表明：

（1）在预测总资产净利润率和每股收益方面，品牌导向对应的尺度回归系数及重要性系数，比竞争导向和顾客导向对应的回归系数和重要性系数都高。意味着相比竞争导向和顾客导向，品牌导向对两个企业绩效指标都具有更强的正向影响效应；相比前两者，品牌导向对企业绩效具有更强的解释力。

（2）顾客导向和品牌导向在预测总资产净利润率的变化上基本上发挥同样

① 张文彤，董伟. SPSS统计分析高级教程（第2版）[M]. 北京：高等教育出版社，2013.

重要的作用。

（3）竞争导向对企业绩效指标影响的尺度回归系数均不显著，这意味着相比品牌导向和顾客导向，竞争导向对企业绩效的变化不具有显著的解释能力。

进一步通过传统回归分析方法，将控制变量纳入回归模型后，考察三种战略导向对企业绩效的影响效应大小。进行回归分析前，参照 Kashmiri 和 Mahajan（2017）的做法，将样本公司员工人数、公司成立年数、董事长年龄等方差较大的变量取自然对数后纳入回归分析。回归分析结果表明：在控制了企业规模（员工人数表示）、成立年数、企业所有制性质（是否国有）、行业性质（是否制造业、是否服务业）及公司董事长性别、年龄、受教育程度等控制变量后，考察三种战略导向对企业绩效（总资产净利润率和每股收益）的影响，只有品牌导向对企业绩效存在显著正向影响。这意味着，相比竞争导向和顾客导向，品牌导向对企业绩效具有更大的正向影响效应。

之后，将顾客导向和品牌导向进行"中心化转换"，然后生成两者的乘积项，做企业绩效对两者及两者乘积项的回归，考察顾客导向和品牌导向对企业绩效的交互效应。结果发现：基于 2014 年年报判定的顾客导向和品牌导向的交互项对 2015 年的总资产净利润的回归系数显著，$\beta = 0.074$，$p = 0.022$；基于 2015 年年报判定的顾客导向和品牌导向的交互项对 2016 年的总资产净利润率的回归系数临界显著，$\beta = 0.054$，$p = 0.076$；交互项对 2016 年的每股收益的回归系数亦显著，$\beta = 0.065$，$p = 0.032$。这些结果意味着：

顾客导向和品牌导向对企业绩效存在显著的正向交互效应，即顾客导向和品牌导向程度都高的企业，会有更高的绩效水平。

### 5.1.7　基于一手调查数据的实证检验

#### 5.1.7.1　样本来源及特征

本次研究采用问卷调查的方法收集数据，为了避免"同源偏差"，限定同一企业只能填写一份问卷。由于问卷题项涉及企业战略层面的相关信息，为了确保调研数据的准确性，选定的具体调研对象为企业中高层管理者。调研于 2016 年11 月进行，主要采用两种方式收集问卷：①向 MBA、EMBA 学员发放和回收问卷；②与某市场调查公司合作，依托该公司的行业企业信息库发放问卷。为了使调查数据更具有代表性，采取指定抽样的方法发放。为了确保研究的有效性，对样本企业尽量在成立时间、企业规模及行业等方面进行一定程度的分散搭配。共计发放 440 份问卷，回收问卷 347 份；获得样本数据后，本研究作者进一步结合样本人口统计变量信息进行筛查，发现有在非企业（政府部门、事业单位）工作的样本 16 份，职位为非中高层管理者样本 2 份；最终获得符合本研究要求的有效样本 326 份，有效回收率为 74.09%。

样本描述性统计特征为：年龄均值 $M = 35.44$ 岁，标准差 SD = 6.62；性别方面，男性 200 人，女性 126 人；受教育程度，高中/中专占 3.4%，大专/高职占 16.6%，本科占 71.2%，研究生及以上占 8.9%；被试所在公司成立年数均值 $M = 17.37$ 年，标准差 SD = 12.03；公司人数规模，20 人及以下占 2.4%，21～50 人占 3.1%，51～100 人占 11.7%，101～200 人占 19.0%，201～300 人占 13.8%，301～1000 人占 29.8%，1000 人以上占 20.3%；被试工作单位性质方面，国有及国有控股占 21.5%，民营及民营控股占 63.5%，外资及外资控股 11.9%，其他占 3.1%；工作职位方面，中层管理/中层技术人员占 71.5%，高层管理/高层技术人员占 28.5%；被试所在公司所属行业方面，制造业占 46.6%，采矿业占 1.8%，建筑业占 5.2%，批发/零售业占 8.0%，交通运输、仓储和邮政业占 8.5%，住宿和餐饮业占 1.5%，信息传输、软件和信息技术服务业占 12.3%，金融业占 4.6%，房地产业占 2.8%，租赁和商务服务业占 1.5%，科学研究和技术服务业占 3.4%，教育业占 0.6%，农、林、牧、渔业占 0.6%，其他占 2.5%。

### 5.1.7.2 变量测量

竞争导向、顾客导向、品牌导向的测量量表与上一个研究相同，所有题项均采用 7 点量表打分法测量（1～7 表示从"完全不同意"到"完全同意"）。本研究中三个测量量表的 Cronbach's $\alpha$ 系数分别为 0.88、0.89、0.84。企业绩效的测量分为品牌绩效和财务绩效两方面。具体参考 Wong 和 Merrilees（2008）的研究[1]，品牌绩效采用包括五个题项的量表进行测量，代表性题项为：我们公司已

---

[1] Wong H. Y., Merrilees B. The Performance Benefits of Being Brand – orientated [J]. Journal of Product and Brand Management, 2008, 17（6）: 372 – 383.

经在目标市场上打造了很高的品牌知名度；我们公司已经在目标市场上树立了很高的品牌声望。被试同样在 7 点量表上作答。财务绩效采用四个问项进行测量，具体是让被试在 7 点量表（1 = "严重下降"，7 = "很大增长"）上进行回答："下面是关于企业在过去一年里的业绩的一些陈述，请结合您所在公司的情况进行回答"；四个业绩方面的指标是销售增长率、市场份额、盈利能力、总体财务绩效。

同时，为了避免潜在干扰变量的影响，对以下变量进行了控制：受访者性别、年龄、受教育程度，以及受访者所在企业的成立年数、企业规模（通过在职员工人数表示）、所有制性质。

### 5.1.7.3 信效度检验

通过 Harman 单因子检验同源方法偏差，第一主成分因子解释了变异的 31.22%，说明不存在明显的同源方法偏差问题。分别对各量表进行信度分析，结果表明四个量表的 Cronbach's α 系数均大于 0.8，说明量表具有很好的一致性信度。

通过探索性因子分析考察各变量测量的结构效度。具体采用主成分分析法、方差最大化正交旋转、提取特征根大于 1 的因子，对研究所涉及的测量题项进行因子分析。因子分析的 KMO 值为 0.913，并且通过了 Bartlett 球形检验（$p < 0.001$），所有题项因子载荷均大于 0.5。对研究涉及各潜变量所包含的题项进行因子分析，结果显示，财务绩效、品牌绩效、品牌导向、顾客导向和竞争导向的 KMO 值分别为 0.823、0.866、0.845、0.900、0.863，均大于 0.8，说明潜变量的测量问项能够合理解释各潜变量，并且各因子分析均通过 Bartlett 球形检验。以上指标意味着各潜变量测量量表具有较好的结构性效度。

进一步通过验证性因子分析，基于测量题项的标准化因子载荷系数和平均方差提取量（AVE 值）来考察各潜变量测量的收敛效度。基于 Lisrel 8.7 的验证性因子分析结果显示，各潜变量测量题项的标准化因子载荷介于 0.63 ~ 0.88；财务绩效、品牌绩效、品牌导向、顾客导向和竞争导向的 AVE 提取量分别为 0.655、0.593、0.515、0.573、0.608，均大于 0.5 的临界值，说明本研究各潜变量的测量具有较好的收敛效度。

区别效度方面，根据每个因子的 AVE 值是否大于该因子与其他因子之间的方差进行判断。若 AVE 值大于两因子之间相关系数的平方，或 AVE 值的平方根大于两因子之间相关系数，则表示两因子间具有较好的区别效度。本研究各因子 AVE 值的平方根在 0.72 ~ 0.81，相关系数的值在 0.17 ~ 0.68。每个因子的 AVE 值平方根均大于两因子之间相关系数值，意味着本研究各因子间具备较好的区别效度。

### 5.1.7.4　数据分析结果

研究涉及各潜变量的均值、标准差及变量间的 Pearson 相关系数及一致性信度系数如表 5 - 2 所示。相关分析的结果表明，各潜变量间存在显著的相关关系，同时绝大部分变量之间的相关系数在 0.5 以下，意味着不存在严重多重共线性问题，这为下一步回归分析创造了条件。

表 5 - 2　变量描述性统计与 Pearson 相关系数

| 变量 | 均值 | 标准差 | 1 | 2 | 3 | 4 | 5 |
|---|---|---|---|---|---|---|---|
| 1. 财务绩效 | 4.719 | 0.928 | 0.881 | | | | |
| 2. 品牌绩效 | 5.157 | 0.918 | 0.440** | 0.876 | | | |
| 3. 品牌导向 | 5.452 | 0.887 | 0.280** | 0.632** | 0.840 | | |
| 4. 顾客导向 | 5.512 | 0.943 | 0.270** | 0.515** | 0.683** | 0.889 | |
| 5. 竞争导向 | 4.913 | 1.089 | 0.167** | 0.287** | 0.372** | 0.406** | 0.881 |

注：** 代表 $p < 0.01$；对角线上数值为潜变量对应的 Cronbach's α 信度系数。

首先，同样通过最优尺度回归，考察三种战略导向对企业绩效变量的不同预测能力。将财务绩效、三种战略导向都设定为"有序型"变量，然后进行最优尺度回归分析，分析结果表明：相比竞争导向和顾客导向，品牌导向对两个绩效变量都具有更大的正向影响效应，并且品牌导向在预测财务绩效（重要性系数为 0.450）和品牌绩效（重要性系数为 0.593）上都更加重要。

其次，采用传统多元回归分析对研究命题进行检验。回归分析前，针对企业所有制性质，设置了两个虚拟变量：是否国有（1 = 是，0 = 否）和是否民营（1 = 是，0 = 否）。另外，同样参照 Kashmiri 和 Mahajan（2017）的做法，将受访者年龄、受访者所在企业成立年数等方差较大的变量取自然对数后纳入回归分析。

分析结果为：相比于顾客导向和竞争导向，品牌导向对企业绩效具有更大的正向影响效应；品牌导向在解释企业财务绩效和品牌绩效的变化上更具有效力。这与基于二手数据的分析结论是一致的。

接下来的交互效应分析，将潜变量品牌导向、顾客导向"中心化转换"之后，生成两者的交互乘积项，然后做品牌导向、顾客导向、两者乘积项及控制变量对财务绩效的回归分析。结果表明：在控制受访者性别等控制变量的基础上，品牌导向和顾客导向的交互效应显著，品牌导向和顾客导向程度都高的企业有更高水平的财务绩效。

另外，中介效应分析结果表明：品牌绩效在品牌导向对财务绩效的影响过程中起到了完全中介作用，即品牌导向通过促进品牌绩效，进而促进企业的财务绩效。

### 5.1.8　小结与启示

以往的理论和研究认为，企业获取竞争优势和卓越绩效的关键是持续并且比竞争者更好地为目标顾客创造价值。由此，已有文献倡导企业在战略上，主要应该聚焦竞争者和顾客。随着市场环境的变化和相关研究的深入，人们发现聚焦于竞争者优劣势、能力与战略的竞争导向和聚焦于顾客需要与欲望、专注于创造顾客满意与价值的顾客导向均存在明显局限性。

例如，秉承竞争导向可能使企业出现聚焦于竞争而忽略顾客的问题；秉承顾客导向可能使企业聚焦于理解并迎合一定时期内的顾客需要，而忽视对顾客需要变化趋势的长期洞察，忽视长期、持续、一致的品牌塑造。在这样的背景下，学者们提出了品牌导向，强调通过持续的品牌识别塑造，以及依托品牌的价值创造，引领或改变消费者的需要与欲望。Urde 等（2013）基于案例研究又提出[1]，以内在品牌识别塑造驱动的品牌导向和以外在顾客需要与欲望驱动的顾客导向组合，可能是引领企业发展的最佳战略导向组合。

我们基于上市公司样本数据和中高层管理者调研样本，对比检验了竞争导

---

①　Urde M., Baumgarth C., Merrilees B. Brand Orientation and Market Orientation—From Alternatives to Synergy ［J］. Journal of Business Research, 2013, 66（1）：13 – 20.

向、顾客导向和品牌导向对企业绩效的差异化影响效应。通过最优尺度回归分析揭示：相比竞争导向和顾客导向，品牌导向在预测企业绩效的变化上具有更大的、更重要的正向影响效应。

通过传统回归分析揭示：在控制企业规模、所有制、行业类型及其他控制变量后，将品牌导向、顾客导向和竞争导向同时纳入回归模型，考察三者对企业绩效的预测能力，发现品牌导向对绩效变量具有更大的正向影响效应，竞争导向的影响效应不显著。

此外，基于一手调查问卷的研究揭示：顾客导向只是显著影响品牌绩效，竞争导向对财务绩效和品牌绩效的影响效应均不显著。

以上结果表明，对比审视三种战略导向时，品牌导向对企业绩效的变化最具解释力。

我们的研究还验证了 Urde 等（2013）基于案例分析提出的理论观点：内（品牌导向）外（顾客导向）相结合的战略导向组合，可能产生最卓越的企业绩效。具体地，研究发现：品牌导向和顾客导向对企业财务绩效具有显著的正向交互效应，意味着品牌导向和顾客导向程度均高的企业具有更高水平的绩效。这说明由内至外（品牌导向）与由外至内（顾客导向）有机结合的、内外兼修的战略导向组合，可能是当前市场环境下，驱动企业获取卓越绩效的理想战略导向组合。

根据权威品牌评价机构 Interbrand 发布的"2019 全球最佳品牌 100 强"，2019 年中国仍然只有"华为"（第 74 位）一个品牌上榜，而美国则有 51 个品牌进入 100 强。这说明中国的品牌建设在国际上处于相对落后的位置。再结合这里的研究结论，相比竞争导向和顾客导向，品牌导向对企业绩效具有更显著的正向影响效应。无论是宏观层面为了改变品牌建设相对落后的状况，还是微观层面为了追求卓越的企业绩效，企业都应该重视并强化品牌建设。具体落实到企业层面，应该重视并培育聚焦于品牌建设的企业品牌导向。

品牌导向本质上是一种长期发展导向，要求企业持续地投入资源，打造具有独特定位和价值主张的品牌识别，借此赢得顾客和市场。有了独特的品牌，企业会获得来自目标顾客的品牌知觉、品牌声誉和品牌忠诚，进而获得良好的品牌绩效。品牌绩效的提升，将有助于企业在较长时间内获得高的品牌溢价和市场份额，最终促使企业获得卓越的财务绩效，实现战略目标。

根据研究结论，企业在强调品牌导向这种由内至外发展范式的同时，也不能忽略外部的顾客需要和欲望（顾客导向）。既重视品牌，又不断关注目标顾客需要和欲望的内外结合的战略导向组合，可能是当前中国市场环境下促使企业实现高绩效水平的最佳战略组合。

## 5.2 贯彻"品牌导向"的战略逻辑

上一节分析了为什么现代企业应该秉承内外兼修的战略导向，即将顾客导向和品牌导向有机结合起来指导企业发展，最终将企业发展成为"顾客—品牌导向型"企业或者"品牌—顾客导向型"企业。国外学者的案例研究发现①，实践上，品牌导向和市场导向可以有机结合起来。比如，企业可以发展成为重点关注顾客同时不忽视品牌的"顾客—品牌导向型"公司（如瑞典的 Electrolux 公司），以及重点关注品牌识别塑造同时不忽视对顾客需要与欲望理解的"品牌—顾客导向型"公司（如 Volvo 公司）。两者的有机结合会是最理想的状态，更可能为企业带来卓越绩效，促进企业可持续发展。

关于贯彻"顾客导向"的逻辑与策略，已经在 4.2 节进行了阐述。这里在梳理 Urde 等（1994，1999，2013）研究的基础上，阐述贯彻"品牌导向"、成为"品牌导向型"公司的战略逻辑。

Urde 等（1999）② 通过提出一个品牌六边形概念模型（见图 5 - 1），阐述了品牌导向型公司的战略逻辑。

① Urde M. , Baumgarth C. , Merrilees B. Brand Orientation and Market Orientation——From Alternatives to Synergy ［J］. Journal of Business Research, 2013, 66（1）: 13 - 20.

② Urde M. Brand Orientation——A Strategy for Survival ［J］. Journal of Consumer Marketing, 1994, 11（3）: 18 - 32; Urde M. Brand Orientation: A Mindset for Building Brands into Strategic Resources ［J］. Journal of Marketing Management, 1999, 15（1/3）: 117 - 133; Urde M. , Baumgarth C. , Merrilees B. Brand Orientation and Market Orientation——From Alternatives to Synergy ［J］. Journal of Business Research, 2013, 66（1）: 13 - 20.

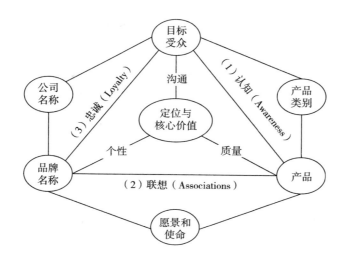

**图 5－1　品牌导向型公司与品牌识别的概念框架**

资料来源：Urde M. Brand Orientation：A Mindset for Building Brands into Strategic Resources ［J］. Journal of Marketing Management，1999，15（1/3）：125.

第一，确定品牌愿景和使命。品牌导向型公司的首要出发点是确定品牌的愿景和使命。愿景反映了品牌在未来渴望实现的状态。为了确定品牌愿景，需要回答：公司希望通过品牌实现什么目标？组织如何实现愿景？在品牌愿景的指引下，接下来需要明确品牌的使命，为此需要确定：品牌是什么？品牌代表什么？为什么而存在？要实现什么样的目标？回答这些问题有助于明确品牌存在的根本原因、品牌的核心价值、品牌识别、个性及战略。

第二，编码品牌信息，制定品牌战略。在确定了品牌愿景和使命之后，需要通过产品、产品类别、定位与核心价值主张、品牌名称、公司名称等元素进行品牌化编码，即基于这些元素向目标受众（以顾客为代表的利益相关者）传达品牌的价值与含义。这些要素及其组合是企业品牌战略和品牌识别构建的基础。需要指出的是，目标受众会基于某个品牌相关的各种要素信息，形成针对该品牌的一个整体印象，据此形成针对该品牌识别的感知。为此，单个企业的不同产品部门、职能部门，需要针对品牌相关的管理活动进行协调与沟通。比如，沃尔沃公司就专门成立了品牌管理部，以协调公司各个分支机构、各个职能部门的品牌管理活动，最终努力向目标受众连续地传达一致、清晰、可信的品牌识别。这样协调与沟通的过程，也是企业不断开发品牌核心价值的一个过程。

第三，传播品牌的功能与情感价值。图 5 - 1 右侧涉及的产品、产品类别决定了目标受众的品牌认知（Brand Awareness），反映的是品牌的功能价值。图 5 - 1 左侧公司名称、品牌名称代表了品牌的情感价值，品牌的情感价值很大程度上决定了目标受众的品牌忠诚度。区分功能和情感这两种价值是非常重要的，因为两种价值都能为顾客带来效用；然而企业向顾客传播两种价值的策略是不同的。功能价值能够依托产品的物理属性来直观描述与传播，但品牌识别很难被解释与描述，因为品牌识别只能是基于顾客情感和象征意义的体验。因此，公司为了向目标客户传播品牌的情感价值，应该依托品牌所代表的产品进行沟通，阐述产品的独特价值、象征含义。

例如，国内的"九牧王"男装就存在两种明显不同的价值传播策略：一种是通过强调产品选材、制作工艺（如"50 道传统手工推归拔、46 个部位高温定型"）来传达品牌的功能价值；另一种则是在此基础上，强调九牧王品牌在对男性重新认知自我、改变自我（广告语："睿变由我"）方面的支撑作用来传达品牌的情感价值。

图 5 - 1 的下面部分体现的是公司对品牌愿景和使命的界定，上面部分则反映的是目标受众对品牌的认知与理解。企业持续地品牌建设的过程，也是目标受众对企业品牌识别不断认知与理解的一个动态过程。这一过程的中间基石是图 5 - 1 中间的"定位与核心价值"。

第四，理解品牌认知、联想与忠诚的互动过程。品牌认知、联想、忠诚三者之间的关系构成了图 5 - 1 所示模型的内在关系基础。品牌认知是品牌建设工作的第一步，同时也是品牌资产的一个重要维度。在品牌认知的基础上，品牌还需要通过各种相关的品牌知识来为受众创造积极联想，基于此打造差异化并在目标受众中创造独特态度与情感。当目标受众对某个品牌有了一定的认知和联想之后，企业再不断地向目标受众传播品牌的核心价值主张与身份，就有可能和受众建立起忠诚、承诺或伙伴似的长期关系。

第五，核心价值塑造是重中之重。构建品牌导向型公司的核心是对产品和企业进行品牌化，产品和企业品牌化的关键则是定位与核心价值塑造。定位是理解与塑造核心价值的过程或手段。品牌定位是在理解竞争对手在顾客心智中的位置的基础上，为本企业设计品牌、打造差异化的品牌识别，以此在目标顾客的心智中占据独特价值地位的过程。通过定位，告诉顾客某个品牌能为他们的生活带来什么独特价值，进而说服他们选择该品牌而非竞争品牌，因而定位还可以理解为一种价值传递机制。

例如，英国著名的面部肌肤与身体护理品牌"The Body Shop"通过产品选材理念（取自大自然）和持续、一致的营销传播沟通，塑造了"自然之美"（nature's way to beautiful）的核心价值主张。这样，顾客一想到纯天然、自然的护理产品，首先会想到"The Body Shop"品牌。

在内容上，定位一般包含三个方面：价格、个性与传播。价格上的定位指定价的高低，人们一般会根据价格判定质量水平，因此需要根据品牌的定位确定定价的高低。个性是指品牌与人有关的一些人格特质。特定的个性塑造，一方面能够赋予品牌象征性含义，塑造品牌的情感价值；另一方面能使其与竞争对手有效区分开来。定位还与传播密切关联，品牌传播信息的具体观点、风格、语调及传播媒介的选择都是品牌定位的内容。在流程上，定位包含两个过程：一是探索、理解和描绘顾客心智，然后选择可以占据的位置（识别品牌的定位）；二是设计营销组合，通过整合营销沟通来实现选定的定位。

如果企业通过定位和持续的营销沟通塑造了清晰的品牌核心价值，则意味着企业已经开发了强势的品牌。目标受众对于强势品牌会有积极的认知和联想，在此基础上，就可能成为品牌的忠诚顾客。Urde（1999）等还强调，一个品牌导向型的公司可以被视作企业与目标顾客群体之间的联系网络（An Associative Network），这一网络中信息传播不是单向的，而是持续的、交互的，企业和顾客是品牌识别的共同缔造者。

第六，品牌识别是品牌导向型公司的核心概念，它是品牌持久的、内在价值的表征。品牌导向型的公司需要持续地思考品牌识别：在特定的社会情境下，品牌象征着什么？具有什么样的含义？另外，还需要不断地思考：企业理解的品牌识别（Internal Brand Identity）是怎样的？目标受众心中理想的品牌识别（External Brand Identity）又是怎样的？两者存在怎样的差距？基于这些思考，不断地塑造品牌识别，提升品牌资产。

# 5.3 贯彻"品牌导向"的策略

品牌对中国企业具有重要战略意义。没有品牌的企业，在未来将寸步难行。那么，中国企业应该如何培育、塑造品牌呢？上一节从战略层面分析了贯彻品牌导向的逻辑。本节将讨论在具体策略层面，现代企业尤其是中小企业应该如何贯彻品牌导向。

### 5.3.1 品牌塑造的传统逻辑

先来分析传统品牌管理理论关于品牌培育与建设的传统逻辑，如图 5 - 2 所示。

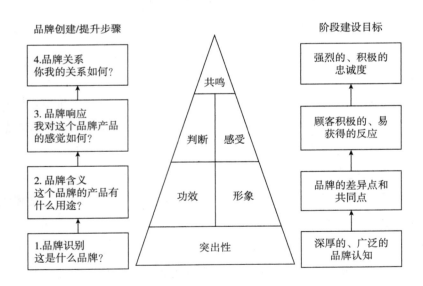

**图 5 - 2　品牌培育与建设的传统逻辑**

资料来源：凯文·莱恩·凯勒. 战略品牌管理（第 3 版）［M］. 卢泰宏，吴水龙译. 北京：中国人民大学出版社，2009.

就内容而言，品牌建设从下到上包括四层结构：

（1）品牌识别，对应的是品牌的突出性，也就是企业品牌的独特点，或者说独特价值主张是什么。例如，一说到百岁山矿泉水，很多人能想到"水中贵族百岁山"，这就是百岁山矿泉水的突出性或品牌识别。在第一步，品牌建设的主要目的是围绕品牌识别，建立消费者对品牌的深厚、广泛的品牌认知。

（2）品牌含义，对应的是品牌的功效与形象。功效指的是产品的主要特色、耐用性、可靠性等。例如，百岁山功效特点突出强调的是天然饮用矿泉水、采自地底、有益元素多样。形象更多指的是品牌能给消费者带来的象征性含义。如百岁山力图打造的品牌形象是"水中贵族"。

（3）品牌响应，对应的是顾客的判断与感受。在企业不断地传播品牌识别、品牌含义之后，品牌塑造的第三个层次就是顾客的品牌判断与感受。判断指消费者对品牌质量、信誉、优势等的判断。还以百岁山为例，多次看过百岁山"水中贵族"的广告之后，很多消费者形成了高品质矿泉水的判断。感受指消费者对于品牌温暖感、乐趣感、安全感、认同感等方面的心理感受。如现如今很多消费者觉得百岁山很高端、有贵族气息。

（4）品牌关系，指的是与顾客的共鸣。品牌培育的最高层次就是希望和一部分顾客产生品牌共鸣。能与品牌共鸣的顾客，在行为上是品牌的持续购买者，在态度和情感上是品牌的坚定支持者，能与品牌共鸣的顾客都是品牌的忠诚顾客。获取一批忠诚顾客或者我们通常所说的"粉丝"，是品牌建设的终极目标。

传统品牌管理理论认为，品牌内涵建设的路径，按照图5-2的顺序从下至上发展。

为了实现上述品牌内涵建设四个层次涉及的内容和目标，传统品牌管理理论认为企业应该按照图5-3所示的金字塔逻辑开展品牌传播。

有效的传播流程，从下到上依次遵循"注意→兴趣→欲望→行动"的过程。也就是说，品牌传播的效果始于大范围的消费者注意，企业首先应该通过广告等手段，开展大规模的宣传，尽可能地引起广泛的消费者对品牌识别的"注意"。

引起广泛的消费者注意之后，部分消费者可能会对品牌产生"兴趣"，促进他们理解品牌的含义。了解品牌的功效、形象等之后，部分消费者可能会对品牌产生积极的判断和感受，进而激发其进一步了解或购买的"欲望"。

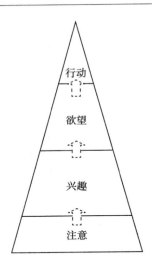

图5-3　品牌传播的金字塔路径

最后，较小比例的消费者会购买品牌，并对品牌产生态度和情感上的支持"行动"。需要指出的是，忠诚顾客只是金字塔塔尖的少部分顾客。

基于这样的传播路径，传统品牌管理理论认为，品牌识别确定之后，品牌建设的首要目标是扩大品牌知晓的消费者基数，建立品牌知名度。所以，在传统的品牌建设逻辑下，需要企业开展大规模的广告等传播活动来传播品牌。

### 5.3.2　品牌塑造的逆金字塔逻辑

在传统的逻辑指导下，品牌培育与建设，在明确品牌识别之后，需要开展大规模的广告和宣传，这需要耗费大量的企业资源。所以，一些人就认为，中小企业可能并不适合搞品牌。

在社交媒体发达的移动互联时代，线上推广与传播已经成为领先企业常用的品牌推广方式。移动互联时代的到来、在线社交媒体的兴起，使品牌传播的路径发生了深刻变革。品牌的塑造与传播可以遵循"逆金字塔"式的互联网逻辑，如图5-4所示。

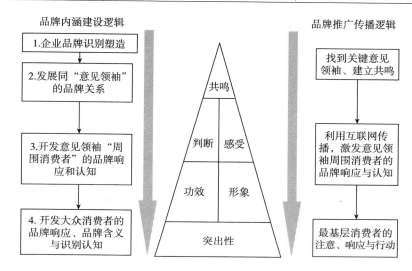

**图5-4  品牌塑造与传播的"逆金字塔"逻辑**

资料来源：何佳讯. 品牌的逻辑［M］. 北京：机械工业出版社，2017：25.

根据图5-4，企业可以首先结合品牌发展的历史、品牌的故事、品牌的次级知识杠杆等要素，梳理并确定品牌识别。其次，依托互联网平台找到关键的"意见领袖"，强化他们对品牌识别的认知，发展同他们的亲密品牌关系，再利用他们的网络影响力，以及在线社交平台的蜂鸣式、病毒式传播，在很短的时间内形成品牌的口碑扩散效应，借此将品牌识别层层向外传播至最基层的大众消费者。

初期的意见领袖，可以是品牌最忠诚、资深的用户，企业也可以仅仅是利用他们的网络影响力进行传播。

例如，小米公司在开发小米手机和MIUI系统时，就是先找到"发烧友"参与开发，之后让这些"发烧友"使用产品，传播产品的功能与特点，逐渐形成产品的口碑传播效应，最后让普通大众都知晓小米品牌，了解小米产品的特点，形成购买意愿，同时快速提升小米的品牌资产[1]。

这就是品牌建设与传播的现代逻辑，华东师范大学的何佳讯教授称之为"逆

---

[1]  何佳讯. 品牌的逻辑［M］. 北京：机械工业出版社，2017：25.

金字塔"式的互联网逻辑。中小企业可以好好学习这一逻辑，因为按照传统的逻辑，中小企业没钱打广告，难以搞品牌建设。

但是，按照品牌建设的"逆金字塔"式的互联网逻辑，企业只要能制定打动消费者的"品牌识别"，就可以依托互联网、依托具有传播力的品牌推广方案来建设品牌。

### 5.3.3 移动互联时代的品牌塑造逻辑

移动互联时代，微信、微博、今日头条、抖音、快手等社交媒体的兴起，为企业自主培育和传播品牌进行了极大的赋能。

下面进一步深入地分析移动互联时代品牌培育与塑造的新逻辑。基于何佳讯（2017）等的研究，并结合笔者的研究和实践咨询工作，梳理形成图5-5所示的移动互联时代的品牌塑造逻辑。移动互联时代，对于中国企业尤其是中小企业，可以遵循这一逻辑来培育、塑造强势品牌。

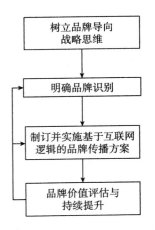

**图5-5　移动互联时代的品牌塑造逻辑**

第一步，需要企业树立品牌导向的战略思维。现代企业要塑造品牌，首先要求企业管理者尤其是高层管理者先要打破观念约束，树立品牌导向思维。这与何佳讯教授在多个演讲场合经常提到的"品牌顶层战略"的思想是一致的。企业要想建设品牌，首先需要高层管理者将品牌放在企业战略的重要位置。

打破观念约束，就是要打破传统上认为中小企业不适合搞品牌的观念。在移动互联时代，社交媒体赋能的背景下，中小企业也可以搞品牌。

树立品牌导向，就是说从战略上要重视品牌，要意识到品牌对现代企业构建竞争优势、获取超额利润的关键作用。认识到企业之间的竞争，最终都会落脚到品牌的竞争上来。只有具有强势品牌的企业才会获得生存与发展。

第二步，明确品牌识别。关于品牌识别，英文对应的是 Brand Identity 或 Brand Identification，直译可以理解为"品牌的身份"。也就是说，企业的品牌想要在市场上给人们一种什么样的身份认知。

企业塑造品牌，在内涵上需要分析、界定好品牌想要以一种什么样的身份标签展示在世人面前。

这个身份标签既可以是产品功能层面的独特"卖点"，如"格力空调，一晚只需一度电""农夫山泉，大自然的搬运工""怕上火、喝王老吉"，也可以是心理层面可以给人留下的"积极联想"，如"水中贵族百岁山""VIVO 照亮你的美""懂生活，更快乐，老村长酒"。

学术概念上，品牌识别是品牌渴望创造和维持的一组独特的功能和心理联想。

任何想要塑造强势品牌的企业，在品牌内涵上，要先明确品牌能够给顾客带来什么样的功能或心理层面的独特联想，也就是明确品牌识别。然后，将品牌识别以品牌口号的形式固定下来。

这里需要进一步说明的是，实践中界定品牌识别时，还需要结合产品类别进行分析，也就是说，产品是属于功能品还是享乐品。

对于功能品，功能层面的效用主导了消费者的购买决策；对于享乐品，心理层面的效用主导了消费者的购买决策。因此，功能产品的购买决策更多受"理性思维"主导，产品独特的功能、特征、效能等是消费者决定是否购买的关键。所以，功能品的品牌识别可以重点围绕产品功能上的独特卖点来设计和界定。例如，"格力空调，一晚只需一度电"对于空调这一功能性产品来说，作为格力空调的品牌识别是合适的。又如，"霸王防脱""霸王育发"对于洗发水来说，作为品牌识别也是合适的。

与之对应，享乐型产品的购买决策更多受到"感性思维"的主导。享乐型产品能够给消费者带来的心理效应是决定顾客是否购买的关键。所以，针对享乐品，品牌识别应该更多围绕产品能够给消费者带来的心理联想去设计。例如，"VIVO 照亮你的美""睿变由我、九牧王男装""百事——新一代的选择"等。

此外，对于同时具有功能和享乐属性的产品，如手机，一定程度上，基于心理联想的品牌识别界定比基于功能联想的界定更可能打动消费者。如"照亮你的美"就比"4800 万双摄、拍照更清晰"更可能打动消费者，尤其是女性消费者。这可能也是"一晚只需一度电"的格力空调能够成功，但"三年不用换"的格力手机难以成功的重要原因。

此外，由于品牌资产的构成中，心理层面的品牌联想是一个重要的构成部分，因此无论是功能品还是享乐品，那些试图打造强势品牌、塑造高端形象品牌的企业，在界定品牌识别时，打造心理层面的积极联想是重中之重。例如，"水中贵族"的百岁山就比"大自然的搬运工"农夫山泉更让人觉得高端、有品位。事实上，虽然"农夫山泉"在国内市场份额中占据第一的位置，但在出口海外市场方面，百岁山则占据第一的位置①。

第三步，制订并实施基于互联网逻辑的品牌传播方案。为了充分利用资源，高性价比地传播品牌，需要制订并实施基于互联网逻辑的品牌传播方案。具体的实现路径，由于涉及的内容比较多，在下一节单独展开分析。

第四步，品牌价值评估与持续提升。经过上一阶段的品牌推广之后，如以一年为一个周期的推广之后，企业要在一个周期的末尾，对传播的效果进行评估与控制，具体来说，包括消费者对品牌识别的认知与理解，也就是品牌认知度，对品牌的感知质量、品牌联想，以及对品牌的忠诚度是否有明显的提升。

对于符合预期计划的推广活动与内容，在下一个周期要继续予以维持，而对于未达到预期计划的推广活动与内容，在下一个周期则要进行修改和调整。

需要注意的是，企业需要调查目标消费者心理上理解的品牌识别和企业期望

---

① "'为什么要从中国进口瓶装水？'——'水贵'百岁山的出海之路"，https：//mp. weix-in. qq. com/s？＿＿biz＝MzA5NzIwODI1NQ＝＝&mid＝2247683675&idx＝1&sn＝84f26c91cb2ec86443189e6c263d6e92&chksm＝90a513cba7d29adda5be3330ff1ad9dad213b76c85c3ab71fed35f7a4bf8dc8d1aa942aafb2c&mpshare＝1&scene＝23&srcid＝10027MsBTBJqeqIe0bYUeqsz&sharer＿sharetime＝1569980912045&sharer＿shareid＝8ecbafd68454bf2f9e50d6200b6a9fe4#rd.

打造的品牌识别是否一致？如果不一致，则需要寻找原因，调整传播方案与内容，或者修正企业品牌识别的内容。

最终，经过一轮又一轮的品牌传播，不断提升品牌的市场认知度与影响力，打造强势品牌。

### 5.3.4 移动互联时代品牌传播的新路径

明确了移动互联时代的品牌塑造逻辑之后，接下来的问题是：移动互联时代，企业应该如何进行品牌传播，即移动互联网环境下，企业进行品牌传播可以依靠哪些新的路径？本部分对此展开分析。图 5-6 梳理了移动互联时代企业品牌传播的两条新路径。

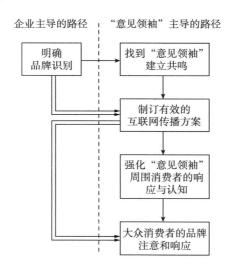

**图 5-6 基于互联网逻辑的品牌传播路径**

注：双线箭头为"企业主导"的路径，单线箭头为"意见领袖主导"的路径。

第一条路径是企业主导的传播路径。

首先，要求企业明确品牌识别，也就是品牌的核心价值主张。

其次，需要企业自主设计并实施基于互联网的品牌传播方案。在传播内容上，可以围绕品牌的核心价值主张、品牌故事、品牌相关事件等展开；在传播媒介上，企业自主建立和发展在线社交账号，如微信公众号、企业微博，或者利用第三方社交平台，如今日头条、抖音等进行；在传播方式上，可以是纯"线上"

的内容推广，也可以是"线上＋线下"的推广；在传播技巧上，纯"线上"的内容推广需要考虑内容的趣味性，"线上＋线下"的推广活动则需要考虑消费者的可参与性和趣味性。

只有可参与性高、趣味性强的品牌推广才会受到消费者的广泛关注，才会在社交媒体上引发"病毒式"传播和消费者的广泛参与。纯"线上"推广的经典案例，可以参考"家安"牌空调清洗剂在优酷等视频播放平台上推出的搞笑视频①。"线上＋线下"、参与度高、趣味性强的推广活动，可以参考百度地图和麦当劳联合推出的"樱花甜筒跑酷 0 元抢"活动②。这些推广内容和活动，都是在投入非常有限的情况下实现了极大的传播效果。

最后，通过在线社交媒体"点对面"式的传播，将品牌的品牌识别传达给大众消费者，激发大众消费者对品牌的注意和响应。

第二条路径是意见领袖主导的品牌传播路径。

首先，同样是明确品牌识别的具体内容。

其次，需要找到品牌的"意见领袖"。可以通过以下三种途径寻找意见领袖：第一，可以从企业内部员工中进行培育，他们最了解品牌的历史和现状，应该是品牌传播的重要力量。第二，可以从产品和品牌的忠诚顾客中开发。忠诚顾客已经与企业建立了较为亲密的产品或品牌关系，企业可以从中挖掘具有网络影响力的人，利用他们的网络影响力传播品牌。第三，企业可以与一些具有网络影响力的"意见领袖"，如微博"大 V"、网络红人等合作。在强化跟他们的品牌关系的基础上，利用他们的网络影响力和互联网的层层快速传播功能，短期内扩大品牌的市场认知和影响力。

再次，设计基于互联网的有效传播方案。传播内容上，同样需要围绕品牌识别、品牌相关故事等进行设计。媒介选择上，主要依靠"意见领袖"的社交账号。传播激励上，可能需要给予"意见领袖"一定的报酬，强化他们积极传播品牌的意愿与行动。例如，可以学习云南潘祥记工贸有限公司的鲜花月饼品牌——"潘祥记"的传播方案。其主要就是基于微信公众号、微博等社交平台，

---

① https：//v. youku. com/v ＿ show/id ＿ XMTMwNzg0NTQ1Ng ＝ ＝ . html？ spm ＝ a2h0k. 11417342. soresults. dtitle.

② http：//q. chinasspp. com/1 – 72320. html.

与云南籍艺人杨丽萍合作，开展诸如"醉美人间四月天，孔雀公主杨丽萍带您邂逅潘祥记万亩花海"直播活动①。该活动获得了消费者、自媒体、官方媒体的大量关注与报道。类似的推广活动一般具有投入相对小、影响力大等特点，尤其适合中小企业开展品牌传播推广。

复次，基于"意见领袖"的网络影响力和在线社交媒体的传播功能，开发"意见领袖"周围消费者，如他们的"粉丝"对品牌的响应与认知。

最后，进一步依靠"意见领袖"周围消费者的影响，以及在线社交媒体的层层传播功能，开发最广泛的大众消费者对品牌的注意和响应。

移动互联时代，已经有很多领先的企业和品牌基于互联网的逻辑进行了成功的品牌塑造和传播。其他的广大中小企业可以学习这里分析的路径，再参考一些成功企业的案例，制订并实施适合自身的、具有高性价比的品牌建设与传播方案。

---

① http：//www. pxjsp. com/page8？article_ id＝131.

# 6    科学营销的方法论（上）

秉承图 2 - 2 所示"市场营销过程的简要模型"，本章和下一章分别阐述在营销管理的每个阶段都需要注意的一些科学性问题。本章先讨论"理解市场与顾客"和"营销战略制定"相关的科学性问题。

## 6.1    理解市场与顾客的科学性问题

为了准确地进行营销与战略决策，企业管理者经常需要获得关于市场与顾客的准确信息。如何准确地获得关于市场与顾客的信息，就是一个科学问题。以学界和业界经常开展的问卷调查为例，科学性问题具体涉及科学设计调查问卷的问题、科学抽样的问题、科学整理分析数据并从中获得洞见的问题等。

关于科学理解市场与顾客，营销学的两个分支"市场调查与预测""消费者行为学"分别探索两个方面的科学性问题。想要深入理解这两个方面科学性的详细内容，需要系统阅读这两个分支模块的专业书籍。限于篇幅和本书目的，下面主要分析理解市场与顾客的一些重要的科学性问题。

### 6.1.1    营销调研的战略意义

对于现代企业而言，科学营销的第一步就是营销调研，英文对应的是"Marketing Research"，也可以理解为"市场研究"。

营销调研对企业的科学营销决策及其他管理决策至关重要。现代企业的营销管理者、战略决策制定者在制定重要的市场相关的决策之前一定要做营销调研，否则，没有营销调研思维、不做调研，可能就会做出错误的决策，代价可能是巨大的。

所谓营销调研，就是针对企业面临的具体营销问题，系统地设计、搜集、分析和报告有关数据。发达国家的企业，如美国、英国、德国、法国、日本，一般都非常重视营销调研。例如，根据 ESOMAR 的《2008 全球市场研究调查报告》，2007 年市场研究的营业收入方面，美国市场占全球调研市场收入的 30.9%，英国占 9.8%，德国占 9.4%，法国占 9.4%，日本占 5.4%，这五个发达国家的占比接近 2/3。在面对如是否上马新的产品项目等决策时，都非常重视营销调研。通过调研获取信息，是企业做出正确决策的重要支撑。

营销调研对企业正确决策非常重要。但是，在中国，很多企业没有营销调研思维，做很多决策前基本都不做营销调研，经常是"拍脑袋"的决策。这样做的后果是非常可怕的。如我们在 2.4 节提及的"霸王凉茶"，其之所以失败，很重要的原因就是上马这个项目之前没有做营销调研，如消费者怎么看待"霸王凉茶"、是否会喜欢、会不会喝，似乎霸王公司并没做调查。不做调研的结果就是霸王公司不会知道消费者在喝霸王凉茶的时候，可能会"有股洗发水的味道"，当然，不是真的有洗发水味道，而是消费者心里会有这个联想。

在课堂上讲这个例子的时候，一般问不超过 5 个人，就会有人说"洗发水的味道"。如果霸王公司在上马"霸王凉茶"这个新产品项目之前，哪怕组织十几个消费者，搞个简单的焦点小组访谈，都可能会问出来"洗发水的味道"。当然还有一种可能，就是其员工都知道"洗发水的味道"，但是不敢或者不想向公司的高层反馈。

现代科学营销的第一步就强调要理解市场和消费者，企业在制定任何的营销决策前都要进行充分的市场调研。

这里我们也呼吁中国的企业家，在制定营销相关决策，尤其是诸如新产品上马这样的重大决策之前，请务必重视营销调研并开展一些调研，哪怕是一个简单的焦点小组访谈。

### 6.1.2　营销调研过程

通过营销调研来了解市场和顾客是科学营销的第一步。那么，企业应该如何开展营销调研呢？这里，重点分析营销调研的基本流程，以及其中需要注意的一些关键问题。

营销调研就是以科学的方法收集、研究、分析有关市场活动的资料，从而帮助企业领导和管理部门解决有关市场管理或决策问题的研究。图 6 - 1 所示就是营销调研的一般流程或步骤。

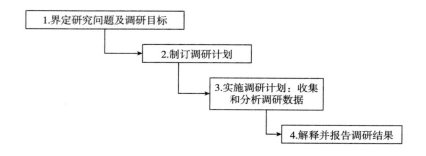

**图 6 - 1　营销调研流程**

第一步，界定研究问题及调研目标。就是调研之前，企业首先需要明确，通过调研想要帮助企业解决什么问题、实现什么目标。为了帮助企业厘清和制定清晰的研究问题和目标，一般需要思考以下三个问题：

（1）为什么要做这个营销调研？也就是认清背景。

（2）具体想知道些什么？就是确认目的。

（3）获得结果后有什么作用？向谁汇报或说明？也就是衡量调研的价值。

实践操作中，确定问题、明晰研究目标是最难也是最重要的一环。为了准确地确定问题和目标，需要调研的组织者与相关问题的决策者，如总经理、部门负责人等进行充分的讨论。

第二步，制订调研计划。就是制定关于调研的详细、具体安排。实践操作中，有一个有用的框架可以帮助企业制订有效的调研计划，这个框架就是

"5W－2H－1E"；就是说，调研具体需要调查什么（What）、谁（Who）去做调查、到哪儿（Where）去调查、什么时间（When）去、具体怎样操作（How），为什么（Why）要这样做，要花多少钱（How Much）去做，以及预期会有什么样的结果（Evaluation）。这几个问题说清楚后，一份详细、具体的研究计划一般就形成了。这个框架很好用，我们在做一些线下调研项目的时候一般就根据这个框架来制订调研计划。

第三步，实施调研计划：收集和分析调研数据。这一步的主要工作是根据调研计划抽取样本、收集资料。

在数据收集阶段，主要的步骤是：

➢抽取样本

●随机抽样与非随机抽样

➢收集资料

●常用的方法有访问、观察、问卷调查等

➢整理资料

●校对

●录入

这里想重点强调一下"抽样"及"随机抽样"的重要性。实践中，企业经常通过问卷调查的方式获取调研数据。那么，问卷发放给谁填写就涉及"抽样"和"随机抽样"的问题。

先解释一下什么是"抽样"。

举一个简单的例子，如你想知道沈阳市831.6万市民对于你公司品牌的知晓度。你能全部调研这831.6万人吗？显然做不到，太费钱。事实上，也没有必要。

这时候就需要抽样，也就是从调查的"总体"，也就是沈阳市的831.6万居民中，抽出来一部分人进行调查，如抽出来1000人进行调查，这1000个人就是"样本"。从831.6万人中抽出来1000人就叫"抽样"。调查1000人就容易多了。

接下来再说"随机抽样"。接着上面的例子，你如何从这831.6万人中，抽出来1000人呢？通过微信吗？通过微信找人填写问卷就不是"随机抽样"。所谓随机抽样，就是沈阳市这831.6万人，每个人被抽中的概率是完全一样的，就是每个人都有可能被抽到，这才叫随机。

怎样做到"完全随机抽样"呢？我们可以设想一种情况，假如你能从公安局管户籍的人那里获取沈阳市831.6万人的身份证号码，然后，你可以通过计算机软件的随机函数，从这831.6万人中抽出来1000人。然后，再通过这1000人的电话和地址找到他们，让他们帮忙填写问卷。如果能做到这样抽样，就叫完全随机抽样。831.6万人每个人被抽中的概率是完全一样的。

现实中，我们一般难以做到完全随机，你不可能从公安局获取每个人的身份证号码和个人信息，所以，我们追求尽可能的随机，如"聚类抽样"。

什么是聚类抽样？还举上面的例子。你不能从公安局获取这831.6万人的信息，但是你可以先根据地域将这831.6万人划分为不同区域的人。如沈阳市有10个区，你可以分别去这10个区的主要商场、超市、写字楼等人流量比较大的地方找人填写调查问卷。

具体每个区找多少人填写问卷，可以根据每个区的居民人数占沈阳市总人口的比例来确定，如皇姑区有94万人，你就在皇姑区的主要商场、超市、写字楼等地方找约113人填写 [（94万/831.6万）×1000＝113]。不过，建议你最好在抽样时间上也分散一些，如在一个星期内，从周一到周日，每天找10多个人填写，最终总共收集113份左右的有效调查问卷，这样就尽可能地接近随机抽样。"随机"非常重要，如果你不是按照尽可能"随机"的方式获取调查样本，最后收集的数据就不能反映总体的情况。

具体一点，还举上面的例子，如果你通过微信很随意地找了你身边的1000个人填写了调查问卷，调查他们对你公司品牌的知晓程度，那么，这1000个人填写的问卷呈现的品牌知晓度，就不一定能代表沈阳市831.6万人对你公司品牌的知晓度。

实际上，抽样的随机程度决定了你所抽取的样本在多大程度上能够反映"总体"实际的情况。所以，问卷调查中抽样要尽可能地追求随机。

获取样本之后，就是具体的资料整理与数据分析工作。现实中，是通过一些统计软件，如Excel、SPSS等对所获取的数据进行统计分析，寻找第一步提到的"研究问题"的答案。

第四步，解释并报告调研结果。就是对你上一步的数据分析的结果进行解释，直接指出结果对营销或者管理决策的参考价值。在撰写调研报告时，建议最好先写一两页最简单的摘要，开门见山地告诉决策者关键的信息，然后再进入研究报告本身。

以上就是营销调研的基本流程，把每一个流程做好，特别是把第三步的"随机抽样"做好，基本就能得到较高质量的调研结果。

### 6.1.3    问卷调查时常犯的错误

进一步通过分析人们在开展问卷调查时经常犯的错误，并讨论正反两个例子来强调科学理解市场和顾客的重要性。

很多调查者在曾经的问卷调查设计阶段可能犯过如下一个或几个错误：

● 问卷标题或"引导语"部分就非常清楚、具体地告诉受访者研究目的。实际上，一些市场调查与预测相关的书籍也建议问卷标题清楚陈述调研目的。然而，从市场研究的角度，这样做是不妥的。

如果一上来问卷调查的受访者就清楚地知道了调研目的，接下来可能就会存在社会赞许性偏差、迎合倾向偏差、社会压力偏差等误差，即受访者知道了你的研究目的，然后可能按照调查者所希望的、期待的、想要的结果去作答，或者迫于面子、掩饰自己的文化程度、经济能力等，硬着头皮作答。这样显然不利于调研者准确获取顾客信息。

实际上，现代心理学包括消费者行为学领域的研究，都是尽量避免让受访者知道真实的研究目的。研究者为了不让受访者猜到研究的真实目的，经常编造一些"善意的谎言"（英文文献里经常提及的所谓"Cover Story"）。学术研究中，如果某项心理学或行为学研究中，受访者准确猜中了研究目的，研究者们会将此受访者的作答视为无效作答。

● 问卷一上来就问受访者的性别、年龄、职业、受教育程度、收入等隐私信息。无论是业界、学校还是政府机构主导的问卷调查，我们经常看到很多问卷一上来就问这些隐私信息。这样做的弊端是容易惹恼受访者："你调查户口吗？"惹恼受访者之后，你还能指望他认真、用心填写问卷吗？

所以，将这些比较难以回答的隐私问题放在你调查问卷的最后部分。问卷的题目设计也得遵循由易到难原则。先让受访者回答较为容易回答的问题，诸如隐私类信息放在问卷的最后。如果受访者作答了，你得到期望的结果。受访者即使不愿意作答，前面的主体部分信息已经获得，也不至于丢掉一份调查问卷，或产生一份无效问卷。

● 问卷一上来包含一些专业名词、行话。如银行系统的"全量顾客"，受访者可能不懂。对于受访者不懂的词汇，应该通过举例的方式让受访者理解专业词汇的意思。

● 问题的表达，语句是否通俗易懂。问卷中问题的语句、表达，研究者可能了然于胸，但受访者能很好地阅读、准确理解问题的意思吗？这看似是一个小问题，如果不注意，同样会产生显著的受访者填写偏差或受访者瞎填、乱填。另外，问题语句的表达不要有诱导性，要站在相对中立、客观的角度去陈述。例如，不要出现诸如"您在多大程度上赞同董事长的英明决策？"这里，给调查者的一个建议是，针对某个研究问题的调查问卷设计好后，在正式发放之前，先找5～6位目标受访者试填一下，然后认真听取他们的意见。如问题内容是否好懂、语句表达是否清晰、是否有不通顺、问题是否便于回答等，然后结合他们的意见认真修改问卷。同时，还可以找高校有较丰富问卷设计与调研经历的教师指导，让他们就问卷设计的科学性进行参谋。最后再进行大规模的问卷发放。

● 很多的调查问卷还会在选项设计上出问题。比如，针对问题"您每个月的平均收入是？"有些问卷给受访者的选项是：①2000元以下；②2000～5000元；③5000～10000元；④10000元以上。这里至少有三个问题：第一，如果受访者每月正好收入5000元，他该选②还是③。第二，四个选项的组间距并不等距，第一个选项的组间距是2000，第二个选项的间距是3000，第三个选项间距是5000；将四个选项分别编码为1、2、3、4录入数据分析软件中（如SPSS），计算机识别的每一个单位的增加或减少和实际四个选项代表的含义是不同的。第三，选项设计过于集中，如针对城市消费者的调研，可能绝大部分人对此问题会选择第③项，这样就难以区分不同收入人群的特征。又如，针对问题"您的婚姻状况是？①已婚，②未婚。"目标受访者中，是否还有其他情况，如离婚、丧偶等？因此，这样的问题再加一个"③其他"更科学。

● 问卷包含的题目是否太多。很多时候，调研实施者觉得开展一次问卷调研不容易，费时费力，因而希望尽可能多地将了解的内容放入问卷中。结果导致问卷过长。问卷过长，无疑是挑战受访者的填写极限，同样容易惹恼受访者，造成问卷后面内容填写不认真。在根特大学学习时，导师传授的经验是，一般调查问卷的题项数量最好别超过 50 个（每让受访者选择一次或填写一次，就是一个题项）。如果问卷确实需要加入较多的题目，建议给予受访者一定的物质激励，如填写一份问卷给一定数额（如 10 元、20 元）的金钱回报，或一定的物质激励（如给一袋 1 千克装的洗衣粉），以保障受访者填写的认真程度。

●问卷是否包含了没用的题目或者遗漏了重要的题目。一方面，需要了解的信息在问卷题项设计时一定不能遗漏。另一方面，不需要了解的信息在问卷中也一定不能多。

另外，在问卷调查的实施阶段，您是否做出过如下事情：

●问卷依托网络平台（如问卷星）设计好之后，直接在微信"朋友圈"发放和收集。要知道，这样做最大的弊端就是"非概率抽样"，即填写调查问卷的人并不能真正代表调研的主要目标人群。在朋友圈发放调查问卷，好处是能很快获得较大数量的样本，但"朋友圈"的人只是问卷发放者所能接触的有限人群，很多时候并不能代表调研者真正想要调研的目标人群。所以，慎用"朋友圈"发放调查问卷。除非你确定朋友圈的人符合调研目的，或者你只是做一些探索性的研究（如想初步了解人们对某事、某物的看法）。

●依靠人情、面子收集调查问卷。这样做的结果是，与调研者有直接人际关系的人可能会好好帮忙填写，但他的"下线"可能并不一定能好好帮你填写。因此，对于重要的问卷调研，建议配套一定的金钱或物质激励。站在受访者的角度，得到了一定的金钱或物质激励，其填写的认真程度与没有得到物质激励时是完全不同的。

在数据录入、汇总、分析阶段，您是否出现过如下问题：

●纸质版问卷在录入计算机分析软件（如 SPSS）时，一个人录入全部数据，或者几个人分工分别录入一部分数据，最后再汇总，全过程没有人核验数据录入的准确性。这样做的后果极有可能是，辛辛苦苦收集了高质量的数据，但在录入环节出错，录入了一些错误数据。在很多人的观念里，经常说的口头语是"差不多就行了"。其实，这样也是非常不科学的。既然辛辛苦苦收集了高质量的数据，接下来一定要进行高质量、精确的录入、整理和分析。写到这里，想起曾经参与的为某外资企业在中国开展的问卷调查项目，外方要求我们的数据录入犯错率少于百万分之三，即录入 100 万个数据，不能录错大于等于 3 个，并且要求我们邮寄部分问卷，他们进行核验。

以上分析了人们在问卷调查设计与实施阶段经常出现的问题。任何一个环节出现了不科学的问题，都可能导致受访者不认真填写、获得的数据质量不高、不能真正代表目标受访者的真实想法等问题，最终让有偏差的信息来指导企业的经营决策，后果可想而知。

### 6.1.4 科学调研的正面例子

除了问卷设计、发放、收集、分析等环节都需要注意科学性问题之外，具体的方法层面更需要科学。接下来，各举一个正面和一个反面的例子说明调研方法本身是否科学，以及对企业营销决策成功与否的影响。

正面的例子涉及迪士尼动画片市场调研的问题①。现在抛出来一个问题：假如你是迪士尼儿童动画片产品开发经理，为了开发儿童喜爱的、能够获得市场成功的动画片，你将如何针对儿童的需求与喜好进行市场调研？进一步涉及一个具体问题是：你将对谁进行调研或访谈才更有可能准确把握儿童对动画片的需求与偏好？

有人说调研儿童，他们是动画片的顾客，但儿童可能受制于心智的成熟程度，不能清楚地表达自己内心的真实偏好。

有人说访问儿童的父母，这个答案可能比第一个好一点，但众多父母也并不能够完全、深入地把握自己孩子的内在需求与偏好。

有人说访问儿童教育专家。这可能是一个更好的答案，儿童教育专家可能更好地理解儿童心理，进而更好地掌握儿童的需求与偏好。

还有没有更好的答案？有人想到了与儿童剧作家合作，先选儿童可能感兴趣的故事、作品，然后找儿童进行试验，看他们喜欢哪些故事或作品。这可能是一个更好的调研方案，但并不是最好的。

---

① 本例子及下一个例子是笔者根据北京大学彭泗清教授于 2013 年秋季学期在 MBA《消费者行为学》课程上的讲解整理形成。

实践中，迪士尼是怎么做的呢？他们先邀请一群小朋友来到他们的实验观察室，观察室里面摆放有小孩子喜欢的各种玩具，允许小朋友根据自己的喜好随意玩。与此同时，观察室的墙壁上还挂着电视屏幕，里面不断地播放着迪士尼事先选好的故事、样片，一段一段地播放。然后，迪士尼的"观察者"们在观察室外面观察小孩子的举动，记录下能够吸引小孩，使其放下玩具、开始观看电视的动画片段，再基于此开发商业动画片。

这样开发出来的动画片至少能够保证动画片比好玩的玩具更具有吸引力，这样开发出来的动画片获得市场成功的可能性将大大增加。

### 6.1.5　调研不科学的反面例子

反面的例子涉及某著名洗衣粉品牌 TZ[①] 的市场调研。TZ 洗衣粉在推出之初希望做高端定位，满足高端市场对洗衣粉的需求。为了验证这一定位的合理性，公司开展了一次市场调研，调研的目标对象为具有较高收入、具备一定职业身份的白领女性。为了获取有效调研样本，调研人员决定去一些相对高档的写字楼、商务区进行访谈。

后来调研获得的结果基本支持了公司当初"TZ 洗衣粉高端定位"的设想。因为当问及受访者（白领女性）是否对高端洗衣粉有需求、是否愿意以高一点的价格购买高端定位洗衣粉等问题时，都得到了受访者们的肯定答复。

然而，当 TZ 洗衣粉确定以高端洗衣粉的形象推向市场，并以相对高的价格进行销售时，并没有获得预期的市场销售结果。这说明当初的受访者——白领女性是在"说一套、做一套"。当初访谈时说对高端洗衣粉有需求、会以高价购买，但实际进行洗衣粉的购买决策时并非如此。

然而，这是消费者的错吗？图 6-2 总结了消费者为何"说一套、做一套"。

访谈时，地点为写字楼、商务区等相对高端的职业场所，受访者一般具有一定的职业等级与身份，这样的环境中，受访者处于职业角色，会激发其身份意识。在职业角色和身份意识下，问其是否对高端洗衣粉有需求、是否愿意花高价

---

①　鉴于是反面例子，这里隐去真实品牌名称。

购买，自然会得到其肯定的答复。

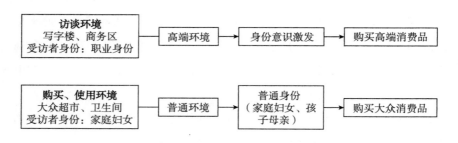

**图6-2 消费者"说一套、做一套"的缘由**

然而，实际的洗衣粉购买情境是大众超市，使用情境是家里的卫生间区域。此时的受访者没有职业等级与身份意识，更多是家庭妇女、孩子母亲、妻子等居家的普通角色。在这样的角色下，其更关注洗衣粉的性价比和是否划算等。结果，最终挑来挑去放弃了 TZ 洗衣粉，而选择更具有性价比的洗衣粉，如雕牌。

因此，除了问卷设计、发放、收集、分析等技术层面的科学性问题，调研目标选取、调研场合的合适性等都面临是否科学的问题。实践的营销决策中，应该避免"拍脑袋决策"，凡事多想一想"这样做科学吗?"

# 6.2 营销战略制定的科学性问题

营销战略主要针对 STP 框架，即企业的市场细分（S）、目标市场选择（T）、产品差异化与定位（P）的内容。

## 6.2.1 市场细分的科学性问题

市场细分指的是把某产品所有顾客划分为不同的购买者群体，不同的群体有不同的需求、特征或行为。针对不同的细分市场，企业需要不同的营销组合或策略以吸引顾客①。成功的市场细分需要满足三个条件：①顾客的需求与欲望存在显著差异；②能将顾客聚合成特定的群体；③为特定细分市场服务的成本不能高于顾客愿意支付的价格。

在当前的市场环境下，如果企业进行了科学有效的市场细分，则能够通过市场细分更好地满足顾客需求，提升企业市场份额；反之，进行不科学的市场细分，将不能扩大市场份额，同时浪费企业的宝贵财务资源。接下来，同样通过正反两方面的例子说明市场细分科学性的重要性。

### 6.2.1.1　农夫山泉的市场细分

农夫山泉主营天然矿泉水。细心的你可能会发现，内在品质上并无明显差异的农夫山泉矿泉水有 380mL、550mL、1.5L、2L、4L、5L 等不同型号的瓶装水，还有婴幼儿水（1L 装）、18.9L 家用桶装水、运动水（750mL/运动盖）、学生水（535mL/春夏秋冬图案）、高端水（350mL 或 750mL/玻璃瓶）。为什么农夫山泉的内在品质基本相同，但推出这么多不同型号的瓶装水？根本原因在于，即使水的品质基本相同，但消费者在不同的场合对水的需求量有差异，不同类型消费者对水的需求也存在明显不同。

以 380mL 的农夫山泉为例，其很好地满足了众多会议场合人们喝水的需要。传统瓶装矿泉水都是 500mL 左右，但这么大的量对于 1~2 小时的会议场合显得有点多，会导致不必要的浪费。380mL 能更好地满足会议场合的喝水需要。

一般传统的出行、休闲场合，550mL 能够很好地满足人们喝水的需要。办公或居家场合，1.5L 或 2L 能很好地满足消费者半天或一天的喝水需要。家庭场合，4L 或 5L 能够满足人们 1~2 天的喝水需要，同时价格相对而言要划算一些。居家桶装水（18.9L）能更好地满足人们的居家和价格划算的需要。

另外，需要特别强调的是，农夫山泉婴幼儿水（1L 装）重点针对婴幼儿这一细分市场开发，满足婴幼儿喝水、调制奶粉或辅食的需要。这一款产品对众多有新生儿的家庭来说特别具有吸引力。要知道，每个家庭，一旦有"新生命"诞生，父母总是巴不得把全世界最好的东西给孩子。农夫山泉婴幼儿水迎合了新

---

① 加里·阿姆斯特朗，菲利普·科特勒. 市场营销学（第 13 版）［M］. 赵占波，孙鲁平，赵江波等译. 北京：机械工业出版社，2019.

生儿家庭的这种高端需要。在京东商城，一箱农夫山泉婴幼儿水（1L×12瓶）售价为89.9元，而一箱1.5L（12瓶）的农夫山泉水才卖34.9元。婴幼儿水的利润远高于其他型号的产品。

学生水（535mL，京东24瓶装售价69元）及其瓶身的春、夏、秋、冬图案，满足了众多学生群体通过喝水彰显个性和独特性的需要。

高端水（玻璃瓶）有350mL、750mL两种容量，以及含气和不含气两个类型，共计四种型号。350mL/24瓶装在京东商城售价576元，750mL/12瓶装售价432元。高端水主要满足高端用户的高品质及地位需求。需要补充的是，针对高端水，功能层面对水的需求只占消费者全部需求的有限部分，心理层面的地位、优越感、面子等需求占据了绝大部分。

通过准确、科学的市场细分，农夫山泉深入理解每个细分市场的不同需求，然后通过提供不同容量、不同设计、不同包装、不同价格的矿泉水产品，满足各个细分市场的差异化需求。从整个企业的角度，在科学市场细分、更好满足各个细分市场需求的同时，提升了农夫山泉矿泉水的整体市场占有率，提升了消费者对农夫山泉矿泉水的满意度，以及对"农夫山泉"这个品牌的忠诚度。

### 6.2.1.2 传音科技的市场细分

要问您在非洲市场卖得最火的中国手机是哪个牌子，您可能会说：华为或者小米，但现实的答案是传音科技旗下的三款智能手机：TECNO、itel及Infinix。

为什么在中国名不见经传的"传音"及其旗下的手机品牌在非洲卖得最火呢？根本原因在于传音科技（现已更名为"传音控股"）主要针对非洲市场的黑人群体进行智能手机的开发、设计、生产与销售。

那黑人群体对智能手机的需求与其他国家或地区的消费者对智能手机的需求有什么重要差异吗？答案是肯定的，黑人群体由于皮肤较黑，造成了拍照时头像难以聚焦、拍照不清晰的问题。其他主要品牌，如苹果、华为、小米、三星等都针对白种人、黄种人的肤色开发智能手机的拍照功能。这就造成了在用这些品牌的手机为黑人消费者拍照时不够清晰、画质不高的问题。

而站在黑人消费者的角度，他们也有爱美的需求，他们也希望通过智能手机拍照更美，传统品牌手机不能很好地满足非洲黑人消费者的这一需求，传音科技抓住了这一点不足。他们大量搜集非洲黑人消费者的照片，进行脸部轮廓、曝光补偿、成像效果分析；然后通过眼睛和牙齿来定位，在此基础上加强曝光。通过这样一些技术上的努力与改进，设计、生产出来能够比苹果 iPhone 手机拍照都更美的 Camon C 系列手机①。另外，相比将近上万元的 iPhone 手机，Camon 手机只需 1000 元人民币左右，很好地满足了非洲市场黑人消费者对智能手机的需求。

面对中国及欧美等国竞争激烈的智能手机市场，传音科技通过市场细分及配套的产品开发找到了适合自己的目标市场，获得了发展机遇。2018 年，传音手机出货量为 1.24 亿部，根据 IDC 统计数据，在全球手机品牌厂商中排名第四，在非洲的市场总份额排名第一。②

### 6.2.1.3 一些反面的例子

某国产 HY 果汁③在 2004 年根据性别将旗下某款饮料（营养水）分为"他 +"和"她 -"男女不同两款。"他 +"希望更多给男性消费者"力量"，"她 -"则更希望给女性消费者以"魅力"。

针对饮料或营养水，男性和女性消费者真的在需要上存在显著差异吗？或者，男性会通过饮料寻求"力量"、女性通过饮料寻求"魅力"吗？答案似乎都是否定的。这就违背了市场细分的第一个原则——"顾客的需求与欲望存在显著差异"。违背这一科学原则的结果，就是当今市场上再无男女之分的 HY 饮料。实际上，男性可能更多通过功能饮料（如红牛）和健身房去寻求"力量"，女性则更多希望通过化妆品、美容院、整形机构寻求魅力。

还有某治疗感冒的药片，分为白天服用的"白片"、晚上服用的"黑片"，并冠以广告语"白天服白片、不瞌睡；晚上服黑片、睡得香"，曾经依靠铺天盖地的广告赢得了很多消费者的购买。然而，从人们治疗感冒这一需要的角度，白天和黑天有显著不同吗？答案也是否定的。

分析一下白片和黑片药物成分的差异可知，唯一区别是黑片含有一种叫盐酸苯海拉明的药物，这一成分的主要作用是会引起嗜睡、注意力不集中等症状。从治疗感冒的角度，并没有明显的黑、白之分，更多是一种促销上的"噱头"，再

---

① 具体拍照效果的差异，感兴趣的读者可查阅：http：//www.xianshuabao.com/news/4147.html.
② http：//www.transsion.com/about/profile.html.
③ 同样地，因为是反面例子，表述时做匿名化处理。

加上巨额的广告投入，短期内获得了不错的销量。然而，目前的市场上却再也看不到该感冒药片。

　　除了消费者的需求真有明显差异之外，科学有效的市场细分还得能将顾客聚合成特定的群体。这个条件在移动互联时代基本都能得到满足，只要能找到尚未被很好满足的需求（某产品新的细分市场），企业就可以依托传统或现代网络渠道满足新细分市场的需求。

　　此外，为特定细分市场服务的成本不能高于顾客愿意支付的价格。这里指的是，现实中有些产品能够根据一些消费者特征变量进行显著区分。如图 6 - 3 所示的水果削皮刀，能适合绝大部分的"右利手"的人使用，然而"左利手"（俗称"左撇子"）的人就用不了。也就是说，能根据左右手的区别，将消费者对该类削皮刀的需要进行区分，分为两个细分市场：左利手市场、右利手市场。然而，现实中恐怕没有企业愿意生产一款适用于左利手的削皮刀，因为这样做确实能更好满足这一细分市场消费者的需要（左手削皮），但产生的成本（需要新的模具、设计、生产线）大于能获得的利益。

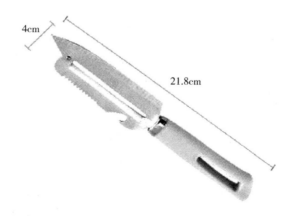

**图 6 - 3　某品牌多功能水果削皮刀**

资料来源：网络。

　　总结一下，科学的市场细分有助于企业更好地发掘尚未被很好满足的需求，从而促进产品销售，提升市场份额。不科学的市场细分会浪费企业宝贵的资源，也不会获得积极的市场结果。科学地市场细分需要遵循以下三个标准：

（1）顾客的需求与欲望存在显著差异。

（2）能将顾客聚合成特定的群体，也就是说，企业要能有效接触到不同细分市场的顾客。

（3）为特定的细分市场服务的成本不能高于企业从这个细分市场获取的收益。

### 6.2.2　目标市场选择、差异化与定位的科学性问题

遵循科学市场细分的原则，将企业产品的消费者群体科学地划分为存在明显不同需要的小群体之后，需要进一步结合以下三个标准来确定企业的目标市场：

（1）细分市场具有一定的规模和成长性。也就是说，企业所选择的细分市场要具有一定的规模，在未来一段时间要具有一定的成长空间。

（2）细分市场的结构具有一定的吸引力。也就是说，企业试图选择的细分市场上不能有很多强大的竞争者，竞争不能过于激烈，新的竞争者不能够很轻易地进入。

（3）符合企业资源特点和长期目标。也就是说，企业试图选择的细分市场能够发挥企业的资源和能力优势。另外，还要符合公司的长远目标。比如说，经济型轿车市场对于很多汽车制造商来说，是具有吸引力和成长性的细分市场，但是对于奔驰公司来说，进入这一细分市场就不符合公司的长远目标。

遵循以上三个标准，企业一般就可以选择适合自己的、能够促进企业更好发展的目标市场。

所谓目标市场，就是企业意图为之服务并希望从其中获利的消费者群体，简言之，就是企业产品或服务的消费对象。

在选择目标市场之后，企业还需要进行产品定位，也就是说，企业需要在产品或服务上创造哪些不一样来比竞争者更好地吸引、满足目标市场的消费者。

目标市场确定之后的产品定位，好比相亲、搞对象，在茫茫人海之中，你选择了一位中意的异性作为目标对象，之后，你还得向这位意中人展示自己与其他潜在追求者相比所具有的与众不同的优异特质，你才可能获得对方的芳心。

对于男性追求女性而言，你要么展示卓越的财力、地位、家庭背景，要么展

示你未来优秀的发展潜力，或者展示你的颜值，等等。总之，你要有某项能吸引对方的优秀特点才可能成功获得对方的芳心。

定位，就是对公司的产品和形象进行设计，从而使其能在目标顾客心目中占有一个独特位置的行动。定位的最后结果，就是成功地创立一个以市场为重点的价值建议书，也就是产品的核心价值主张。这个核心价值主张简单明了地阐述为什么目标市场会购买这个产品或服务①。比如：

- "怕上火、喝王老吉"，彰显了王老吉凉茶"预防上火、处理上火问题"的核心价值主张。

- "格力空调、一晚只需一度电"，凸显了格力空调节能、省电的优异性能。

- "前后两千万柔光双摄，照亮你的美""前后两千万，逆光也清晰"，非常清楚地展现了 OPPO 和 VIVO 的核心价值主张——拍照更美。这吸引了众多女性消费者的购买。现如今，很多女性消费者离不开手机的美颜功能。

- "我们不生产水，我们只是大自然的搬运工"，彰显农夫山泉矿泉水天然、自然的属性。

- "少喝一点为健康，劲酒虽好、可不要贪杯哟"，凸显了劲酒的人文关怀。

- 还有主张"与其让情绪煎熬压抑，不如任其释放"的"情绪饮料"江小白。在《致我们情绪的青春》中写道："我们捕捉每一个青春个体的丰富情绪，并向你提供一种带有酒精度的神奇饮料，它能放大我们的情绪。它能让我们更幸福、更快乐、更激情、更兄弟、更姐妹，也可能让我们更孤独、更悲伤、更恐惧、更沮丧。我们喜欢的情绪，就让它淋漓尽致，我们回避不了的情绪，就让它来得更猛烈！"②

事实上，近年来受消费者喜欢的产品与服务都有清晰的定位与核心价值主张。当然，这些定位并不是"拍脑袋"想出来的，而是经过科学的市场调研、消费者访谈等科学地探索出来的。

例如，王老吉"怕上火、喝王老吉"的定位，根据"华人营销学者"微信群里面的讨论，就是中山大学蒋廉雄教授带着他的研究团队进行了大量的消费者

---

① 加里·阿姆斯特朗，菲利普·科特勒. 市场营销学（第 13 版）［M］. 赵占波，孙鲁平，赵江波等译. 北京：机械工业出版社，2019：160 – 161.

② "江小白"官网，http：//www. ijovo. com/.

焦点小组访谈，分析了 20 余万字的消费者焦点小组研讨记录之后，根据消费者动机提炼出来的。没有这前期的科学投入，恐怕不会有王老吉"预防上火"的定位，也不会有他们今天傲人的市场业绩。

再举一个反面的例子。可能你还记得 2015 年国产化妆品品牌法兰琳卡推出的"我们恨化学"的 15 秒的广告①。"我们恨化学"五个大字甚至在广告中占领屏幕。本意是希望通过"我们恨化学"这样的表达来彰显法兰琳卡纯天然、无其他添加（如酒精、矿物油、化学防腐剂）的优异属性，却犯了基本科学常识性错误——物质基本都是由科学意义上的化学成分（分子、原子）构成的。此外，人们吃的豆腐、穿的涤纶面料和衣服、用的塑料制品，甚至众多药物，都是化学（化工）的产物。结果其后来受到北京大学化学系教授周公度的状告，引发公众和媒体的热议，法兰琳卡被迫撤下广告。这一事件给该品牌带来了较为负面的影响。

那么，企业如何科学地进行差异化和定位呢？这需要企业结合自身如下几个方面进行思考：

（1）产品，就是企业的产品有什么特色、性能、耐用性、可靠性、风格、设计等。如 VIVO 手机倡导的"拍照更美"就是从手机拍照功能上形成独特价值主张。

（2）服务，就是企业在订货、交货、安装、客服培训、维修等方面能否创造独特之处。如海底捞的服务就受到很多人的认同，人们一提到海底捞就能联想到卓越的服务，很多餐饮企业都做不到海底捞的服务水准。

（3）人员，就是企业的员工在能力、资格、谦恭、诚实、负责任、沟通等方面能否与别的企业不一样。如迪士尼乐园的一些表演人员给人感觉尽心尽责、非常友善。每年夏天，上海的迪士尼乐园都要热晕一些尽职的表演人员。

（4）形象，就是企业的标志、气氛、事件等方面能否创造独特之处。如一说到麦当劳，消费者就会想到"金色的拱门"；一说到肯德基，肯德基老爷爷的头像就会浮现在消费者的脑海里。

---

① "百度百科"词条"我们恨化学"，https：//baike. baidu. com/item/% E6% 88% 91% E4% BB% AC% E6% 81% A8% E5% 8C% 96% E5% AD% A6/18867293？fr = aladdin。

关于定位的科学工具，经常被提及的就是定位图或感知图。就是根据产品的关键属性，如价格、产品功能等，将某个具体行业的不同竞争者放到一起进行比较，看看是否存在尚未被满足或未被很好满足的消费者需要。图6-4就是根据价格和功能两个维度画出的化妆品行业的定位图。

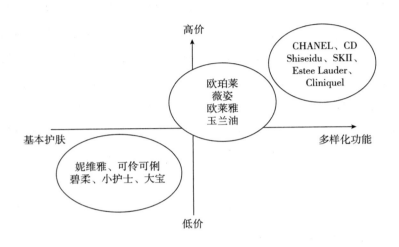

**图6-4　化妆品的定位**

如果图6-4涵盖得较为全面，即充分分析了化妆品行业的所有竞争者，那么图6-4的左上区域和右下区域对应的两个象限，就可以琢磨一下能不能找到新的市场机会，能不能搞出新的化妆品定位，从而开拓新的市场。

事实上，化妆品品牌佰草集就打造出了"现代中草药古方个人护理专家"的定位。价格上，它比右上部分的诸多国外品牌要低很多；在产品功能上，它也有很多亮点，它的核心价值主张就是"中草药平衡护理"。这样的定位与已有的竞争品牌的定位不同，但是"中草药平衡护理"的价值主张赢得了很多中国消费者的喜欢。

最后想强调的是，在市场制度日益完善、竞争日趋激烈、市场"风口"日益减少的市场环境下，成熟的企业越来越需要依靠科学的定位才能赢得市场机会和企业的可持续发展。

在风云变幻的市场环境中，只有进行科学有效的定位，让产品和品牌以某种独特的形象牢牢占据某种产品属性，在消费者的脑海中牢牢占据一个字眼，企业才具有可持续发展的根基。一些成功的例子，如"沃尔沃"对消费者而言意味着"安全"、"奔驰"代表"声望"、"海飞丝"洗发水代表"去屑"、"飘柔"代表"柔顺"、"茅台"意味着"高端国产白酒"，这些都是成功的定位例子。

其他还没有进行清晰定位的企业，需要梳理自己产品和品牌的核心价值主张，制定清晰的产品与品牌定位，这样企业才能走向可持续发展的"蓝海"，而不是同质化竞争的"红海"。

### 6.2.3　定位对中国企业的战略意义

传统上及当下，很多中国企业只会通过"价格战"的方式占领市场，只会通过"打折"来吸引顾客。只会打"价格战"一定程度上是企业无能的表现。

更高明的做法，应该是通过产品定位创造与竞争者的不同之处，依靠定位创造差异化，通过差异化吸引顾客。对于只会通过"价格战"占领市场的中国企业，定位的战略意义显得格外重要。

关于定位对中国企业的战略意义，首先，我想从"一套46元的电动工具"说起。前几天，翻阅今日头条，看到了一位叫"宗毅说"的网友的帖子，他是这样写的：

"制造业这是怎么了，一套电动工具46元（含12V单速电钻＋1电1充＋配件），作为一个同是制造业的消费者，我看到这个价格不是高兴，而是深深的担忧，这样能走得下去吗？这样的价格能有利润持久生存吗？这样的价格对应的品牌就变成了低价低质，这是在 ZS（作死）啊。"[1]

还有今天看似繁荣的"拼多多"，基本也是靠低价在吸引顾客。一台电视200多块钱，十几块钱一件的外套，几块钱包邮的杧果，等等。

正如上面这位今日头条的网友所说的，只知道靠低价竞争吸引顾客是极其危险的。只知道"价格战"，企业能有利润吗？能树立品牌吗？企业没有利润，哪来的钱进行创新、研发？哪来的钱培育品牌？这样搞，企业能可持续发展吗？

实际上，过去的20余年，中国各家彩电生产企业也是如此，只知道简单、

---

① https：//www.toutiao.com/a1646689389455363/.

粗暴的"价格战"。最终的结果，相信大家都已经知道了：各家彩电生产企业都没有合理的利润，大家依靠"价格战"进行着没有"赢家"的"零和博弈"，使中国整个彩电行业陷入崩溃的边缘。没有利润，就没钱搞研发、搞创新，没钱培育品牌。所以，我们说定位对中国企业格外具有战略意义。中国企业的经营管理者需要对定位有深刻的认识。

还以中国的彩电行业为例进行说明，如果各家彩电生产企业都有自己的产品定位，都瞄准某一个或几个细分市场进行精耕细作，精心于满足某一类人的某种需要，这样，多个彩电生产企业将为消费者带来多种多样、各有特色的彩电产品。各家彩电生产企业相互之间将是良性竞争，各自服务于一个或几个相对小的细分市场，获取合理的利润。

对于中国的其他行业，在未来的发展中也应该更加重视定位。通过定位创造不同的、丰富的差异化产品与服务，多家企业分别满足不同细分市场的差异化需求，获取合理的利润。这样，企业之间相互良性竞争，不仅能让每家企业可持续发展，还能促进整个行业市场的扩大和繁荣。

### 6.2.4　今麦郎凉白开的定位讨论

2017～2018 赛季的 CBA 总决赛直播中，一个叫"今麦郎凉白开"的矿泉水频繁出现在插播广告之中。自此，以"喝熟水、更解渴"作为定位的一款新的矿泉水似的"凉白开"呈现在世人面前，倡导人们"喝熟水，不喝生水"。

表面上看，这一定位还不错，因为它找到了现有矿泉水市场上的一块尚未被人占据的市场。现有矿泉水中，并没有以"凉白开""熟水"概念作为主要卖点（核心价值主张）的产品。另外，"喝熟水"也是中国传统养生理念里倡导的生活做法。

然而，再仔细琢磨，可能就会发现问题。在人们的一般认知里，我们知道"喝熟水"对身体好，但关于"熟水"，我们还有如下认知："不能超过 3 天！"即熟水放置超过 3 天就不能再喝了。在 MBA《市场营销学》课堂上，跟学员讲到这个案例时，一些女性学员甚至表示"一般过夜的熟水就倒掉了"。

"今麦郎凉白开"在市面上销售时，是以传统矿泉水瓶的形式进行销售。笔者特意上京东商城查了一下该产品，保质期处赫然写着"十八个月"。一方面，

"今麦郎凉白开"是"熟水"概念，人们对"熟水"的认知是"超过 3 天不能喝"；另一方面，其保质期是"十八个月"。这样势必会让消费者认知失调，让消费者认知失调的产品，消费者是否还会购买？

事实上，就在写作本书，登录百度查阅"今麦郎凉白开"时，就有网友发出了疑问："今麦郎凉白开，熟水这样放瓶子里不会放臭了吗?"① "今麦郎凉白开"如果想可持续发展，如何解决可能给消费者造成的认知失调问题将是摆在该公司面前的迫切问题。

---

① https：//tieba. baidu. com/p/5526102447？ red_ tag = 2304303958.

# 7 科学营销的方法论（下）

接续上一章，本章围绕"4P"框架，接着讨论营销方案制定相关的科学问题。

## 7.1 为什么是"4P"

本节围绕营销方案的"4P"，分析营销方案相关的需要注意的一些科学问题。其实为什么人们谈论最多、教科书最经典的是"4P"（产品 Product、价格 Price、渠道 Place、促销 Promotion），而不是"7P"或"4C"。本身就是一个科学问题。20 世纪 80 年代，有学者提出，应该在"4P"的基础上再加上人（People）、过程（Process）、有形展示（Physical Evidence），这样构成了"7P"。20 世纪 90 年代，还有学者基于顾客的角度总结出来了"4C"，即消费者（Customer）、成本（Cost）、便利（Convenience）和沟通（Communication），认为企业应该把追求顾客满意放在第一位，其次是努力降低顾客购买成本，然后还要注意顾客购买过程中的便利性，最后是实施以消费者为中心的有效营销沟通。

虽然历史上出现了不同的理论或框架，但"4P"仍然是指导企业营销方案制定的最经典的分析框架。不仅仅是因为其由"现代营销之父"菲利普·科特勒提出，更多是因为其从企业实际出发，分析企业如何围绕"产品"为顾客创造价值，依托"定价"获取顾客价值，依托"渠道"传递顾客价值，依托"促销"传播顾客价值。以顾客或消费者为中心，追求顾客满意固然重要，但作为企业经营的重要职能，营销管理必须站在企业的角度考虑问题，营销学必须站在企业的角度构建理论、指导实践。

## 7.2  产品策略的科学问题

围绕"产品的三层次模型"来阐述相关科学问题。模型如图 7-1 所示。

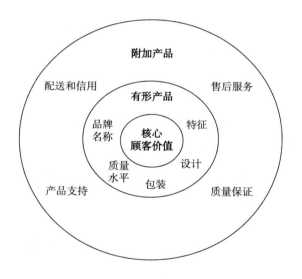

**图 7-1  产品的三层次模型**

资料来源：加里·阿姆斯特朗，菲利普·科特勒. 市场营销学（第 13 版）[M]. 赵占波，孙鲁平，赵江波等译. 北京：机械工业出版社，2019：176.

任何一个产品或服务，从这三个层面去理解和分析，一方面有助于企业更好地理解产品的本质，从而有助于企业更好地开发迎合顾客需要与欲望的产品和服务；另一方面有助于企业更有效地开展营销沟通方案的设计、品牌形象设计等。

### 7.2.1　理解产品的"核心顾客价值"

先说最中心的"核心顾客价值"。任何一件产品或服务，首先应该清楚产品或服务满足顾客哪些内在的核心需要。比如：

- 人们为什么购买相机？答案不是简单的"照相"，照相只是表层的需要，深层次的需要更可能是为了留下美好的瞬间。

- 女士为什么热衷于购买化妆品？同样地，"为了化妆"只是表层需要，深层次的需要可能是为了变得"更美丽"，或者"提升吸引力""提升魅力"，再或者是"掩饰岁月留下的痕迹"。

- 为什么中国年轻人背负巨大的生活压力也要买房？链家集团董事长左晖曾说："中国人没房就娶不到媳妇，这种事全世界都少见。"① 为什么中国年轻人一定要买房？为什么没房娶不到媳妇？这涉及年轻人购买的根本动机，或者房子对他们的"核心价值"。不考虑一些投资者通过炒房"挣钱"的情况，这里仅仅讨论年轻人的"刚需"购房。根本动机恐怕是中国传统的"家"文化主导的对"家"的需要。年轻的读者可以试想一下，您有世俗眼里的好工作、有不错的收入，但没有一套自己的住房，您能有"家"的感觉吗？或者说，住在租的房子里，不管住了多久，您能有"自己家"的感觉吗？一个连"家"都没有的年轻男性，年轻女性愿意嫁给你吗？不是女性太功利，从人类进化需求的角度讲，男方都不能给女方一个安全、稳定的"居所"，不能给女方一个安稳的"家"，女方能愿意跟男方组建家庭、生儿育女吗？在中国传统观念里，抛开现代的炒房不谈，房子就是"家"的载体，就是"家"的依托。所以，年轻人背负再大的压力也要买房，也要买一个属于自己的"家"。

只有从内在需要角度，才能从更深层次理解消费者为什么购买企业的产品或服务，也只有更深层次的理解，企业才能有的放矢地进行产品设计与研发，提供顾客需要的、喜爱的产品和服务。

再比如分析人们为什么要购买保险产品。在课堂上，我经常跟学生讲，保险产品是最难销售的产品之一。为什么？因为保险产品销售时，你不能立即让顾客

---

① https: //finance. sina. com. cn/meeting/2017－03－18/doc－ifycnpiu9019974. shtml.

感受到"价值"。我还说，保险产品的购买决策也是消费者购买决策中最为"尴尬"的决策。为什么？因为站在消费者的角度，"我购买了保险产品，但事实上我并不希望用到它"。我购买了"重大疾病险"，但我并不希望重大疾病发生；我购买了"交通意外险"，但我打心眼里不希望任何意外。

所以，保险很难销售，销售员一般也很难立即说服顾客购买。那保险产品该怎么卖呢？这个问题的答案需要从"核心顾客价值"的角度去寻找。消费者购买保险，最根本的需要应该是"风险预防"。如发生重大疾病，可以有一笔钱来治疗，不至于发生"因病致穷"等情况；发生了交通意外死亡，可以给孩子留下一笔数额不菲的钱，防止孩子抚养困难的意外。

了解了这一点，就知道传统的销售策略，如本产品有什么优点、能为顾客提供什么利益，就不再适用于保险产品的销售。因为顾客很难立刻体会到保险产品的"价值"、所能获得的利益。保险有效销售，一个可行的策略可能就是通过"话术"或者其他情境刺激，激发人们的"损失规避"动机，让人们意识到"重大疾病""交通事故"等各种风险离我们不远。一旦消费者意识到风险就在身边，销售员不用过多地"推销"，其可能就会发生购买行为。

关于保险购买，再说一说笔者的经历。笔者在 2006 年就通过身边朋友开始接触到了保险，也了解了保险产品的一些"好处"。要知道，在那个年代，保险产品除了"风险预防"功能外，还具有"保本"特性；2008 年夏季，本着"锻炼自己"的目的，还参加了某保险公司的实习培训项目，并通过考试拿到了"保险从业资格证"，应该说对保险及其"价值"有更深刻的认识。然而，直到 2015 年 8 月，本人购买了自己的第一辆小汽车，每天开车上下班，经常"偶遇"各种不严重或严重的交通事故之后，才开始决定购买保险产品，并且一发不可收拾，不仅为自己购买了"交通意外险"（某公司的"百万任我行"），还为自己、妻子、孩子购买了"重大疾病险"。

为什么以前了解保险而不购买？您可能会说没钱，其实本人 2011 年就开始正式工作，具备一定的经济基础。一直不购买保险的根本原因：一是风险意识没有被有效激发；二是保险产品没有让我明显感知到"价值"。其实两者是密切关联的。一旦"意外""重大疾病""死亡"等不好结果发生的"风险"让人感知到，个体就会意识到保险的"价值"，进而产生对"保险产品"的购买欲望。

因此，如何有效地引导、激发消费者对"风险"的认知，可能是保险成功销售的关键。现实中，一些保险销售人员有意或无意地意识到了这一点，于是天天在微信朋友圈发一些如"张三发生了交通意外，获赔多少钱""李四得了××癌症，获赔多少钱"等这样的信息，一般看到标题，人们就不愿意再点击进去详细阅读，因为这样的消息引发恐惧，或者说反感。事实上，中国人对"死亡"的话题一般是较为忌讳的。在中国民间，"死亡"相关的话题一般被认为是非常不吉利的。因而，在诸如"朋友圈"发一些"意外""死亡"相关的信息会引发受众的极度反感、不舒适，再加上过去人们对保险行业的负面刻板印象，结果导致受众一般会拉黑或删掉"朋友圈"中经常发这类消息的保险销售员。为此，保险公司、保险销售员可能需要发挥聪明才智，设计制作一些相对隐晦的、不能让人感觉极度不舒适且能够激发人们风险预防意识的"话术""广告片"等。

除了保险产品，其他任何行业的经营者，同样都得首先了解顾客购买产品满足什么样的核心需要，只有深入了解顾客核心需要，才能够更好地开发产品，满足顾客需要，才能更好地开发"促销策略"吸引顾客，实现成功销售的同时提升顾客满意度。

### 7.2.2 产品的"核心顾客价值"能否被重新界定

除了要深刻理解某个产品或服务给顾客带来的核心价值外，有时候，我们也需要思考：人们对某件产品或服务的核心利益诉求（核心顾客价值）能否被重新定义？如果能重新定义产品或服务的核心顾客价值，可能意味着新的创业或发展机会。下面通过"花点时间"的例子说明这一点。

鲜花 B2C 网络零售企业"花点时间"主要通过"预定＋周期购"的每周一花（基础款 99 元/月，每月 4 束，一周一束）模式销售鲜花，根据消费者的需要，每周向其家里或办公室邮寄一束新鲜鲜花。2015 年 8 月才创立的"花点时间"，在创立的短短三年内，获得数亿元融资，累计用户超过 800 万，售出鲜花超过 5 亿支[①]。

---

① "在中国，无小事！'花点时间'三年卖 5 亿支鲜花，估值 20 亿！" https：//www.jianshu.com/p/0bf6b5427810.

为何"花点时间"在创业的三年之内就有如此优越的业绩？根本原因是消费者的喜爱。那消费者为何如此喜爱"花点时间"呢？根本原因在于"花点时间"重新定义了顾客对"鲜花"产品的核心需要。

请问，以前人们一般为什么购买鲜花？即传统上"鲜花"为顾客带来的核心价值是什么？想想人们一般购买鲜花的时机可能就明白了。传统上，人们一般在节假日（如情人节、父亲节、母亲节、教师节）或者特定的时点（如婚礼、迎接尊贵客人）才会购买鲜花，并且在不同的时节购买不同的鲜花。情人节主要购买红玫瑰，母亲节一般购买康乃馨，父亲节主要购买石斛兰，等等。也就是说，传统上，人们一般出于"情感的表达"而购买鲜花。情人节通过红玫瑰表达爱意，父亲节、母亲节、教师节等通过赠送不同类型的鲜花表达感恩、感激之情。总之，以往一般少有人平时买鲜花。

"花点时间"重新定义了人们对"鲜花"的核心价值诉求。它通过"花点时间，每周一花的小幸福"品牌口号，重新定义了人们对鲜花的需要。

实际上，可以想一想如下画面：在悠闲的周六的上午，你（尤指女性）吃完早餐，打扫完屋子，这时候门铃响起，你打开房间，顺丰快递小哥拿着"花点时间"的快递，将新鲜的鲜花送到你的手中；你拆开包装，打理好花枝、花叶，将一束新鲜的鲜花插入玻璃瓶，放置在餐桌上或者茶几上；你闻一闻、观赏一番；一个平淡的周末是不是多了一些情调、创造了一点"小幸福"？

2018 年，听说了"花点时间"并对其有一些了解之后，抱着试试看同时积累讲课素材的目的，笔者在"花点时间"给妻子购买了一个月的鲜花。妻子在收到鲜花之后，非常开心。每周六顺丰快递小哥送上鲜花都是一个"美妙的时刻"。

"花点时间"将人们传统上主要在节假日购买鲜花、表达情感的需要，重新界定为依托每周一束鲜花、创造一点小幸福的需要。这一重新定义大大激发了人们对鲜花的需要与购买欲望。

针对某种成熟的产品或服务，如果实践者能够重新定义人们对产品核心价值的诉求，可能会创造新的创业机会，或者为企业带来新的增长机会。

### 7.2.3 有形产品相关的科学问题

所谓"有形产品"，就是日常购买时，消费者能看得见、摸得着的产品有形展示，包括品牌名称、特征、设计、包装和质量水平等。接下来分别针对这些方面谈一谈相关的科学问题。

品牌名称方面。营销学研究已经证明，一个好的产品或品牌名称能够让顾客对产品有更好的联想与认知，并且能激发顾客的购买意愿。一个好的名称可能会让公司节约几百万、几千万或者上亿的宣传费用。想一想最近一些年，二手车交易网络平台"瓜子"和"优信"。您认为哪个更容易宣传、更容易让人记住？好的名称，一般富有意义，陈述产品积极特征，能够有助于将产品与其他竞争品有效区分开来。

这里先交代一些产品或品牌命名的科学原理，中文情境下，产品或品牌命名的原理总结如下①：

第一，"两字"结构。因为中国文化中，无论是人名、事物名，还是一些日常动作、交流词汇，基本都是两个汉字的结构。人名，除"姓氏"外绝大部分都是两字结构。事物名，如"山川""河流""高山""森林""房屋""工厂"等；日常交流词汇，如"吃饭""喝水""睡觉""娱乐"……事实上，现代汉语以双音节词为主，常用词汇中，70%以上为双音节词②，即两字结构。

所以，"两字"结构的命名更符合人们的习惯，因而更科学。一些知名品牌基本都是两字结构，如华为、联想、腾讯、百度、京东、苏宁等。

当然，也有一些三个字的命名，如七匹狼、九牧王、全聚德、同仁堂等。虽然这里有三个字，其实内在结构符合后面讲的第三条"修饰词＋名词"结构，这些三个字的命名也可以让人接受。但是，如果命名超过了三个字，就不科学了。如辽宁沈阳有一个主营衣柜、木门的品牌叫"展志天华"，就不太科学了，

---

① 参考中国香港学者陈洁光、黄月圆等关于中文情境下品牌命名的系列研究。如 Allan K. K. Chan, Yue Yuan Huang. Chinese Brand Naming：A Linguistic Analysis of the Brands of Ten Product Categories［J］. Journal of Product & Brand Management，2001，10（2）：103－119；Yue Yuan Huang，Allan K. K. Chan. Chinese Brand Naming：From General Principles to Specific Rules［J］. International Journal of Advertising：The Review of Marketing Communications，1997，16（4）：320－335.

② 黄月圆，陈洁光. 中国商品品牌命名的规则和特点［J］. 南开管理评论，2002（1）：68－71.

不利于消费者认知、理解、记忆、传播。

笔者 2014 年底因工作调动来到沈阳，沈阳地铁 1 号线经常播放该品牌的"到站"广告："展志天华衣柜木门提醒您，×××站到了"。说实话，足足听了近两个月，笔者才意识到"展志天华"这个品牌。四个字太长，也不方便消费者日常生活中的传播。试想一下，张三买了"展志天华"的衣柜，其邻居李四问："您家买的什么牌子衣柜？"张三答："展志天华。"您觉得李四能很快记住吗？

所以，品牌命名的第一个原理，最好是符合中国人的用词习惯，取两个字的结构。

第二，名字最好包含积极寓意。就是说，名称中包含的字最好是包含产品或企业相关属性的积极含义。包含积极"寓意"是中文情境下非常重要的原则。

国外一些翻译过来的品牌名称在这方面做得非常好。比如：

- "赛百味"，有超过一百种美味之意；要知道其英文名"Subway"就是"地铁"的意思。

- "可口可乐"，可口还可乐，"CocaCola"可没有这些含义。

- 牙膏品牌"高露洁"，可能让人联想到"高明、露出洁白的牙齿"等寓意，其外文名"Colgate"可没有这么积极的寓意。

- "宜家"也体现了宜家家居产品的行业属性和产品优异特征。

- 还有"奔驰"（Benz）、"宝马"（BMW）等。

产品和品牌名称体现产品或企业相关属性的积极寓意，是命名中最理想的状态。现实中，不一定每个产品或品牌命名都能做到包含积极寓意，但至少不要有负面寓意，或者给消费者带来负面联想。下面的一些命名就不好：

- 快餐店命名"包角布"，容易让人想到"包脚布"，进而联想到"老太太的裹脚布""又臭又长"。

- 最近比较火的炸鸡连锁店"叫了个鸡"。

- 职业服装定制品牌"杰士迈"，可能让人联想到避孕套品牌"杰士邦"。

- 还有"羚羊"汽车，羚羊、羊，可能让人联想到"慢""软绵绵""无力"等。

第三，名称最好是"修饰词 + 名词中心语"结构。即名称的最后一个字是名词，是中心语，前一个字是修饰词。比如：

- "宜家"，"宜"有适宜、适合的意思，"家"是名词、中心语。
- "白猫"洗衣粉，"白"为修饰词，白净、干净，猫为名词、中心语。
- "雪碧"也符合这样的结构安排。

"修饰词 + 名词中心语"的组词模式是汉语中最为普通的组词模式，这样合成的词语容易让人理解，符合产品或品牌命名简洁、易懂、易传播的要求。

第四，名称中汉字的发音要洪亮。香港学者陈洁光和黄月圆（2003）研究指出，汉语中第一声（如妈）、第二声（如麻）是以高音结尾，于是将其界定为"高声调"（H）；第三声（如马）①、第四声（如骂）界定为"低声调"（L）。高声调的字读起来响亮度高，低声调的字则响亮度低。中国传统命名习惯里，对高声调的字有明显偏好。陈洁光和黄月圆的系列研究指出，产品和品牌命名时，在声调的选取上最好遵循"X + H"原则，X 表示任意声调，H 表示高声调。即两个字的命名，第一个的声调没有明确要求，但第二个字最好是高声调。如华为、长虹、金龙，第二字声调高，名称发出来的声音一般较为洪亮。

第五，命名还要考虑"合法性"问题。即产品和品牌拓展到国外市场，名词是否符合国外法律，能否得到保护？如联想，出国之后发现"Legend"品牌早被别人注册了，面临"合法性"问题，后来又花了很多钱，找咨询公司设计、命名，更换为"Lenovo"。在国外市场，相当于新推出一个品牌，所需要的市场推广费用可想而知。

- 类似这里涉及跨国的"合法性"问题，在中国国内的不同省份、不同区域之间，还要考虑"区域可拓展性"问题。如东北一家二手房交易服务企业命名为"准成"不动产，在东北话里，"准成"是靠谱、可靠的意思。"准成"的命名在东北地区合适，但该公司可能并没有想过有一天市场扩张到全国其他区域时要面临的状况。东北地区以外的人们可能并不理解"准成"包含的意思。

产品特征方面。有竞争力的产品，一定要有清晰的、独特的产品特征。例如，"昆仑山"矿泉水就在其广告中表达了源自海拔 6000 米、北纬 36 ~ 46 度世

---

① 他们指出，虽然第三声的发音是一个先降后升的过程，但第三声的字在连读时，一般只读一半，因此界定为低声调。

界黄金水源带等独特的产品特征。又如"足力健"老人鞋，"专为老年人设计"，并具有"不挤脚""足弓造型、走路脚不累""鞋底十字纹设计、防滑防摔跤"等特点。另外，产品的特征还要呼应前一章提及的"产品定位"，即产品特征凸显产品的"核心价值主张"。"足力健"的上述独特特征就呼应了其"关爱老人、孝暖夕阳"的定位。需要强调的是，产品的独特特征要真正是吸引顾客或者受顾客看重的特征。

产品设计方面。具有优秀、独特设计的产品将是吸引顾客的关键要素。如大众旗下的"甲壳虫"汽车，自 1938 年设计诞生以来一直受到消费者的喜爱。看看现如今，中国市场上也到处可见车顶弧形设计的"甲壳虫"汽车。从实用性的角度，该型汽车的表现并不好，没有宽大的后备箱，后排座位也显得较为拥挤。然而，对很多追求个性的消费者，该车仍然具有强大的吸引力。

又如，20 世纪 70 ~ 90 年代，有一款火爆中国的休闲运动鞋，叫"回力"。有一双"回力"鞋，是那个年代很多少年的梦想。然而，到了 90 年代中后期，随着"阿迪达斯""耐克"等国外品牌进入中国，"回力"渐渐淡出了人们的视线。到 2000 年，回力鞋业总厂因资金短缺正式停产，旗下的 7 家分厂和 1 家研究所全部关闭[①]。不过，近些年，"回力"重回人们的视野。一个典型事件是，2008 年，回力鞋成为欧美潮人争相购买的"尖货"，身价至少翻了 25 倍，达到 50 欧元（约 500 元人民币）。

为什么"回力"能够实现再回天呢？这主要得益于法国人派特斯·巴斯坦。他于 2005 年通过谈判取得了"回力"的海外经营权，并对"回力"鞋的面料、外形、标志、包装等进行了一系列的精心修改设计。重新设计之后，"回力"鞋先在法国"获得新生"："回力"的广告频繁地出现在 *Jeune & Jolie*、*Cosmopolitan* 上；*ELLE* 在 2006 年和 2007 年对"回力"进行了四次报道；Playboy 女郎安娜·尼古拉·史密斯亲自为其代言；"回力"成功跻身巴黎香榭丽舍大街各大专业运动鞋店；并且，"回力"在法国的零售代理商已经跃升到 160 多家[②]。

图 7-2 展示了以前的和重新设计之后的"回力"鞋对比。重新再设计使"回力"鞋再现"回天之力"。事实上，另一个中国鞋类品牌"飞跃"也有类似

---

①② "回力的回天之力"，http：//beta. dooland. com/index. php? s =/magazine/article/id/622933. html.

的发展经历。可见，独特的设计对于产品甚至对于整个企业的生存与发展至关重要。

**图7-2 传统的（左侧）和现代的（右侧）"回力"鞋比较**

资料来源：网络。

产品包装方面。产品的外包装也是不容忽视的细节，对于具有一定影响力的品牌商品而言，包装尤为重要。包装是消费者接触产品、形成第一印象的关键点。粗糙的外包装，不会给消费者留下"高质量""好产品"的印象，因而，现代企业越来越重视产品的包装问题。很多消费者都有过因为非常喜欢饮料瓶而购买饮料的经历，这凸显了外包装的重要性。

包装除了要好看，另一个需要注意的问题是，不能给人带来不好的联想。例如，某知名牛奶品牌旗下的"风味酸牛奶"，就曾推出过1.5~2升的超大容量包装，乍看就像洗衣液。看起来像洗衣液的牛奶，还会有谁购买？还好，超大容量包装的该型号产品在市面上再也看不见了。

除此之外，一些中小企业为了吸引消费者，还追求包装的独特。这里也得注意合理、合法的科学性问题。近些年，在"淘宝"上就频繁出现像避孕套包装的湿巾、辣条、糖果等。好奇的读者自己百度一下"像避孕套包装的产品"，就会出现五花八门的产品和图片。对于追求可持续发展的企业而言，这样的做法不是正道。

产品质量方面。注重产品质量，再怎么强调也不为过，这也是企业可持续发展、品牌塑造的根基。不注重质量的企业是不可能基业长青的。在当前的社交媒体发达的背景下，企业尤其需要注意这个问题。还记得2018年的"云南白药牙膏氨甲环酸事件"吗？一个网名为"博雅医生"的普通消费者在社交媒体上的一篇简短的质疑消息让"云南白药牙膏"遭受重创。这还只是消费者怀疑产品质量有问题的情形。那些真正有产品质量问题的企业，如长春长生、天津权健，不管过去依靠什么途径发展了、壮大了，如果到今天还不"回头是岸"，重视产品质量，结果只会是快速死掉。

最后小结一下，实践者需要知道，产品的"有形产品"层面能够显著左右顾客对产品的购买欲望，甚至能决定企业的生死。因此，企业需要真正以"顾客需要"为出发点，设计生产高质量的且让人第一眼就看起来很美的产品。如果企业能够通过研发与创新，对"有形产品"有效创造差异化，将是支撑产品"定位"的有效举措，也是产品在市场上吸引顾客、创造独特竞争优势的关键。

### 7.2.4 附加产品相关科学问题

最外层次的"附加产品"，指产品相关的额外服务与利益，包括配送和信用、产品支持、售后服务、质量保证，如免费送货上门、免费上门安装、分期付款、质量承诺、保修承诺等。

针对成熟行业的成熟产品与服务，很多时候很难在"核心价值"和"有形产品"层面创造差异化。于是，很多企业开始通过"附加产品"的配送、信用、服务等方面创造差异，借此提升产品的竞争力，吸引顾客。

这里需要注意的是，企业做出的承诺一定要遵守。例如，笔者2011年购买了一台"美的"洗衣机，当初的承诺是主机"十年免费保修"。结果到了2017年，洗衣机无法工作了，于是给客服打电话。客服联络了当地负责维修的技术人员，初步电话沟通之后，说是"主机"问题，再之后沟通了上门维修的费用问题。我说："当初不是承诺主机'十年免费保修'吗？我还有'十年免费保修'

的卡片呢。"技术人员进一步询问："那你还有销售小票或发票吗？""都过去 7 年了，其间搬家 2 次，我上哪儿去找小票？"技术人员回道："那不能免费，需要一定的费用。"

想想机器是老式机器，残值也不值钱了。决定不维修，买了一台新的。但"美的"承诺了"十年免费保修"，因为没有小票（但我还留有十年免费保修卡），而拒绝免费保修之事，不管是谁的责任，让笔者感觉非常不爽，有"说一套、做一套"之嫌。后来，买新的洗衣机时，首先把"美的"排除在外，最终买了一台另一知名品牌的洗衣机。

通过配送、信用、承诺、保证、服务等"附加产品"吸引顾客，提升产品竞争力，很多时候会起到吸引顾客的作用。但实际操作中，不要只是在销售当时"说得好"，还要在后期兑现承诺之时"做得好"，否则跟第 4 章讲的"推销导向"没有任何区别，企业会在长期发展过程中慢慢流失掉顾客。

# 7.3 定价策略的科学问题

教科书主要讲了三种定价方法：成本导向的定价、需求导向的定价、竞争导向的定价。下面先简要介绍三种基本定价方法。

## 7.3.1 三种基本定价方法

对于企业而言，根据顾客的需要设计、生产好了产品，接下来的一个重要工作就是为产品定价。企业如何为产品进行定价呢？先分析产品的三种基本定价方法。

### 7.3.1.1 成本导向的定价

成本导向的定价方法通常指的就是成本加成定价法。所谓成本加成定价，是指按照生产产品的单位成本加上一定百分比的加成来确定产品销售价格。举个例子，某产品核算完固定成本、可变成本之后，总成本是 1000 元，如果企业期望的毛利润率是 40%，那么定价就是 1000 元 +40% 的加成，即 1400 元。在企业产品的成本比较容易核算，企业不想与竞争者打"价格战"的情形下，用这种定价方法可能是合适的。成本加成定价对买卖双方而言都是比较公平的。

然而，成本加成定价也是有缺陷的。例如，一件产品的成本是 1000 元，加上利润加成之后，卖 1400 元；如果在消费者的心里这件产品的价值是 2000 元，这个时候，如果企业卖 1400 元，似乎就是亏了。一些新产品和一些具有强势品牌的商品可能就会面临这种情况。于是，就有了第二种定价方法。

### 7.3.1.2　需求导向的定价

需求导向的定价一般指的是感受价值定价，就是企业根据消费者对产品的感受价值来制定价格的一种方法。如一件产品，虽然总成本是 1000 元，企业经过市场调查之后，发现消费者普遍认为该产品值 2000 元，那么企业就可以基于消费者的感受价值定价，比如定价为 1999 元。一些名牌商品，如很多名牌化妆品就是采用这种定价方法。1000 多元一瓶的名牌香水可能实际成本只有 300～400 元，但是消费者认可品牌，认可品牌带来的附加心理价值，就认可这 1000 多元的价格。感受价值定价法的关键是要准确地估计消费者对产品的全部感受价值。

产品的感受价值 = 产品的制造成本 + 品牌带来的价值 + 产品本身独特特质的附加值

如果企业能够比较准确地估计顾客对产品的感受价值，并且这个感受价值明显高于产品的单位成本，就可以利用这种定价方法。这种定价方法就是尽可能地从消费者身上获取利润。

感受价值定价的具体操作流程一般是：

（1）通过广告宣传或者其他传播途径把产品、产品对应的品牌，以及相应的产品独特特质、品牌价值主张等传播给消费者。

（2）通过市场调查，估计消费者对产品价值的理解。

（3）根据消费者的感受价值高低确定价格。

比较一下以上两种定价方法：成本导向定价是从企业自身出发，从企业的产品及产品的成本出发来确定价格；需求导向的定价是从市场、消费者需要出发来确定产品的价格。两种定价方法反映两种发展思维。

### 7.3.1.3　竞争导向的定价

消费品行业的竞争导向定价一般指的是随行就市定价法，就是企业按照行业的平均现行价格水平来确定价格。

在以下几种情况下，企业一般会采取这种定价方法：

（1）产品的成本难以估算。

（2）企业打算与同行和平共处。

（3）企业如果另行定价，很难了解购买者和竞争者对本企业价格的反应。

以上，就是企业在确定产品价格时通常考虑的三种定价方法。

### 7.3.2　定价的理念问题

接下来，进一步从理念与策略两个方面来讨论定价相关的科学问题。

企业在面临产品滞销或者想扩大销售进而开展促销活动时，不要动不动就拿价格说事。在 MBA 课堂上，为了强化这一点，笔者多次说过："动不动就拿价格说事，寄希望于降价促销来吸引顾客的做法是无能的表现。"

为什么这样说？因为降价直接损害企业的利润，企业之间通过降价的方式展开竞争，极有可能将整个行业内的企业引向"零和博弈"、谁也没有利润的恶性竞争之中。中国传统的彩电行业及其他一些行业都是如此。

事实上，除了价格，企业还有很多其他有效的策略来应对产品滞销或者扩大产品销售的问题。如 6.2.2 节讨论过的"差异化与定位"的策略，即企业通过设计、研发等，围绕产品的三个层次（见图 7－1）的不同属性改进产品，创造顾客喜欢的"差异化"，借此促进产品销售。通过研发、设计等创新活动，创造顾客喜爱的"差异化"价值点，将本企业产品或服务与竞争者有效区别开来，是企业扩大销售、提升市场占有率的最重要的思路。

除了差异化和定位的思路，企业还可以在深入理解消费者非理性决策的基础上，利用行为经济学基本原理促进产品销售。相关内容将在 7.5 节详细展开。

### 7.3.3　定价的策略问题

先通过对一些具体事例的分析，来讨论定价的具体策略层面的科学性问题。

事例 1：绘画班的定价与缴费：一年一缴或 10 次课一缴。

当前，面向中小学及幼儿的各种培训班、补课班、特长班异常火爆。我们不分析培训、补课本身的是非，这里分析一下其中的定价与缴费模式问题（结合笔者的亲身经历进行讲述）。

2018 年，出于让孩子尝试、体验、发掘兴趣的目的，笔者带着孩子在沈阳某商业广场的一家艺术培训学校试听、体验绘画班。40 分钟左右的体验之后，来到了决定是否报名和缴费的环节。该学校针对幼儿绘画培训班，设计了四种套餐选项，最少课时的套餐是 48 学时（送 4 学时），定价 4800 元；最多课时的套餐是 200 余学时，定价在 15000 元左右。

看到这些套餐选项，笔者顿时遇到难以抉择的问题：

（1）主要是想带孩子试一试，孩子是否真对绘画感兴趣并不知道。

（2）最少的 48 学时，必须一次性缴费 4800 元，中途万一不感兴趣，顾客自行转让，培训学校不退任何费用。

（3）如果孩子真的感兴趣，能坚持下来，培养一点绘画技能，是值得的；如果孩子不感兴趣，不能坚持、中途退出，则意味着不小的损失。

最终抱着"赌一把"（赌孩子能够坚持下来）的心态，报了名。最后的结果是，孩子只是被该商城的吃喝玩乐所吸引才想来，对绘画并无明显兴趣，于是决定退出。培训学校的回应是"请自行转让听课卡"。最终以损失约 2000 元的代价，成功转让了该听课卡。后续不敢再轻易给孩子报任何兴趣班。

这样的定价凸显了经营者的推销导向，或者以自身（短期）利益最大化为目标。因为顾客一旦报名，企业就会收取大量的预付款，顾客也被吸引在本校学习培训，即使有顾客中途退出，顾客 A 会找到替代的顾客 B。在沈阳稍微具备一定规模的培训学校都是这种定价、缴费模式。

但这样的定价模式是最优模式吗？至少笔者认为是非常容易让顾客不爽的。这样的定价，一方面拒绝了一大批只是想试一试、想明确一下是否真对绘画感兴趣的潜在顾客；另一方面非常容易引发顾客尤其是中途退出顾客的不满意。其不是真的站在顾客的角度，不是秉承顾客导向。

站在培训学校的角度，结合观察，笔者并不认为每个班招生都满员。即该培训学校还是存在吸引顾客、扩大销售的问题。从理性的角度分析，这样的定价、缴费模式可以这样修改：

推出 10 课时的短期试验班，每课时的定价可以比多课时套餐要贵一些，如10 课时 1300 元。这样，一方面能获取一大批只是想试一试的潜在顾客市场（这似乎也是一个不小的市场）；另一方面，经过试验班的体验之后，对于真正感兴趣的顾客，再向其推荐多课时套餐（单节课更便宜）。

这样定价的话，培训学校既充分占领了现行定价策略下被多课时套餐"吓退"的只是想试一试的潜在顾客，也会提升整体顾客的满意度，还不至于让培训学校从中途退出的不满意顾客那里遭遇负面口碑。

事例2：旅行团缴费：一次性收齐还是分多次缴费？

请设想：寒假来临，您正在筹划一次赴泰国的旅游，来到旅行社，他们给出了两种收费方案：

方案A：出发前，一次性缴齐所有费用，包括交通费、住宿费、景点门票、餐饮费用等。

方案B：出发前先缴预估费用的一半，旅行过程中再收缴景点门票、餐饮、交通费用等。

您会选择哪一种？哪一种收费方案更可能让您玩得快乐？

现实中，两种收费模式都存在。那么，哪一种收费可能更让消费者满意？如果旅行社让消费者选择，可能较大比例的消费者选择方案B，但方案B会让消费者更快乐、更满意吗？答案是否定的。

因为不论金额多少，让消费者往外拿钱是一件痛苦的事情。方案B，出行前消费者要交一次钱（如3000元），旅行途中，每到一个景点，还需要再交门票费、交通费等。整个旅行过程充满了往外拿钱的痛苦经历。相对而言，方案A中，出行前消费者往外拿一次钱（一次性缴够），只痛苦了一次，旅行途中只有美景、新鲜事物、异国美妙体验等美好的经历。

哪一种方式更可能让消费者获得快乐感，更可能让消费者满意，答案一目了然。所以，实践中，旅行社更应该采取诸如方案A这样的定价和收费策略，可以规定一次性收齐所有相关费用，让消费者只痛苦一次，剩余留下的都是美好。

小结：类似的还有健身房、游泳馆、游戏厅等人们经常锻炼、娱乐的经营场所，到底是按月、按季定价与收费，还是按年定价与收费？现实中，诸多经营者更多地选择后者。但按年度收费的弊端想必很多消费者已有深刻体会：缴了一年的费用之后，第一个月、第二个月会经常去，过了三个月之后，积极性会慢慢降下来，到了一年中的后半段可能再也去不了几次。在这样的情形下，顾客第二年还会续费吗？

在按年定价、缴费模式下，在某个时点来看，经营企业开始的收入表现可能会比较可观，但来的实际人数可能并不多。如果换成按月或者按季收费，哪怕换算成单次的价格要高一些，是不是会吸引更多顾客缴费来健身或娱乐？如果采取按月或按季度定价与缴费，在一个周期（月或季）结束之后，由于上一个周期的出勤率较高，顾客更可能觉得物有所值，据此，下一个周期续费的可能性会更大。此外，从吸引顾客的角度，一个总是顾客"火爆"的经营门店，肯定要比一个门可罗雀的门店更能吸引新顾客。

所以，此类行业的经营者应该站在顾客的角度思考，采取短周期的定价与缴费模式，而不是仅仅站在自身短期利益的角度，更快获得更多的预收款。站在顾客角度，采取短周期定价、缴费的模式，更可能从长期促进企业的可持续发展。

### 7.3.4　关于定价的科学发现

本节最后将学术界关于定价策略的一些最新研究成果进行梳理，供实践者参考借鉴。

策略1：日常消费品采用尾数定价。

比如一个陶瓷碗，9.99元的定价会让顾客觉得比10元的定价要低很多。

类似地，同样一件运动裤，消费者会认为99.9元比100元要便宜很多。99.9元，顾客的感知是"几十块钱"，但100元就是一个整数概念了，感觉要比"几十块钱"多很多。

所以，人们在逛商场的时候会看到很多的商品基本都是采用尾数定价。

策略2：在价格牌上，用小号字体标注价格。

在零售情景下，我们经常看到各式各样的标价牌，针对同样一件产品、同样的价格，比如99元。大家可以比较一下图7-3中的两个虚拟的价格牌。

左边的大号字体标注价格和右边小号字体标注价格，你觉得消费者感知起来会有差异吗？想必你应该有所判断了吧。

严谨的学术研究发现，右边小号字体的99元标价牌会比左边大号字体的标价牌让顾客觉得更便宜。因为在大脑中，视觉上的"更小"会被模糊化为对价格"更便宜"的认知。所以，实践者，请将你的标价牌上的价格数字字体变小一些。

图 7 - 3　两种标价牌比较

策略 3：提出每日等值价格。

对于一些价格相对高的产品，提出每日等值价值更可能吸引消费者。

例如，每年需要缴纳 8000 元的重大疾病保险，如果描述成"每天只需一杯咖啡的钱，就能得到一份高额保障的保险"，更可能吸引顾客。

又如，一支 180 克售价 39.8 元的高品质云南白药牙膏，说成"每天只需 2 毛钱"，可能会吸引更多顾客购买。

策略 4：向消费者展示价格的两个约数。

例如，某网络课的套餐定价 120 元，可以描述成"每周 4 学时，每学时 30 分钟"；虽然 4 学时、30 分钟与 120 元的定价没有任何关系，但消费者潜意识里的"4 × 30 = 120"会让消费者认为"120 元"是"好的""合理的"。这种运算正确的愉悦感，会被混淆为对价格的认同！

类似地，定价 500 元的网课，可以免费赠送顾客 5 本价值 100 元的电子书。

需要注意的是，在运用这一策略时，一定要注意，一定是两个约数、一定要运算简单才能有效果。

策略 5：在合适的时间呈现价格。

这里，问您一个问题：商品销售时，是先向消费者展示产品再说价格，还是反过来，先说价格再介绍产品？

你可能会说，有区别吗？研究表明，差异非常明显。

相关结论是：

● 如果您销售的是品牌商品或奢侈品，主要的卖点是产品本身的优异品质、性能等的时候，如卖橄榄油，应该先将产品呈现给消费者，介绍产品的优秀特征，最后再说价格。

• 如果您销售的是大众化商品，主要的卖点是"性价比"的时候，先呈现价格再呈现产品会有更好的效果。

为什么呢？因为研究表明，当先看到产品时，消费者会把产品相关属性是否优异作为购买决策制定的主要标准。此时，消费者内心考虑的是：我喜欢这件产品吗？

如果先看到价格，消费者会把价格作为购买决策的主要标准。此时消费者考虑的是：这件产品值这些钱吗？

所以，如果你的卖点是品质，那么先呈现产品后呈现价格；如果你的卖点是性价比，先呈现价格后呈现产品。

事实上，一些名贵商品，如 Tiffany 珠宝，在它的网络平台上，会让消费者先关注到产品相关的图片，留意产品的优异特征，价格只是以很小的字体出现在非常不起眼的位置。

策略 6：价格旁边，向消费者展示一个较高的陪衬数字。

在网络销售的情景下，更容易使用这一策略。

例如，网店中，在某品牌无线鼠标旁边，除了展示价格，如 98 元之外，还可以额外标注一个信息，如"与 2378 位满意的顾客一起享用该产品！"如图 7 - 4 所示。

闪购价：98元

与2378位满意的顾客一起享用该产品！

**图 7 - 4  价格旁边展示陪衬数字示例**

一个较大数字的存在，会在潜意识中让顾客觉得 98 元的价格较便宜。内在的作用原理是锚定效应，它的意思是，人们接触到的一个与价格哪怕是不相干的但显著的数字，就能够影响人们对商品价格高低的判断。

一个不相干的大数字存在，如图 7 - 4 中的 2378，就会让消费者认为低数值的价格 98 元更便宜。

策略 7：如果降价促销，将原价以较大的字体放在价格牌的左侧，将折扣价以较小的字体放在价格牌的右侧。这样做的话，拉大视觉上的差异比较，就能让消费者感觉折扣了好多，如图 7 - 5 所示。

**图 7 - 5　两种字号的促销价格牌**

左侧的促销展示方式就会让人觉得比右侧的折扣更大。有人可能会说，"我又不傻，字体大一点、小一点，差值还不都是一样！"我想说，你现在同时看到了两个折扣展示标签，现实中，顾客只能看到其中一个标签。相比右边的标签，左边的标签会让顾客觉得折扣力度更大。

策略 8：不要把低价的东西和高价的东西捆绑销售。

为什么呢？因为将低价商品和高价商品捆绑销售时，会降低人们对高价商品的价值认知。Brough 和 Chernev（2012）[1] 做了一个实验，将标价相同的如下两种商品放在一起，让实验参与者选择：

- 选项 1：一个多功能健身器。
- 选项 2：专业健身房 1 年的年费。

结果是，大约 51% 的人选择了选项 1，即多功能健身器；49% 的人选择了选项 2，结果分布比较均匀。

然后，他们找了另一拨的实验参与者，就如下两个选项进行选择：

- 选项 1：一个多功能健身器 + 免费的健身 DVD。
- 选项 2：专业健身房 1 年的年费。

---

① Bonezzi A., Chernev A., Brough A. When Two is Better than One：Polarization and Compromise in Unrestricted Choice [J]. ACR North American Advances，2012.

实验的时候，同样告知实验参与者这两个选项的产品或服务的价格相同。人们的选择结果会发生怎样的变化？

实验结果表明，只有 35% 的人选择选项 1，即"多功能健身器＋免费的健身DVD"。这一实验结果说明，消费者很多时候就是这样的非理性，在决策信息有限的时候，认为和低价捆绑销售的商品不那么值钱。

所以，商家不要再将低价值的商品和高价值的商品捆绑在一起销售，这样会降低消费者对高价值商品的价值认知。

策略 9：一些售价比较高的产品，突出强调固有成本。

什么意思呢？比如说，售价比较高的燕窝，突出强调印尼原装进口；售价高的木耳，强调野生、产自黑龙江原始森林；售价高的咖啡，强调咖啡豆 100% 有机种植等。

强调这些产品的固有成本要素，会增加消费者对高价的接受程度，让他们觉得你的定价是公平的，从而更有可能产生购买行为。

策略 10：确实需要涨价时，请频繁、小幅度地涨价。

一般商家在经营时不希望涨价，如果确实因为原材料、租金等成本上升不得不涨时，建议频繁、小幅度地涨价，如一年涨一点，而不要等到企业实在无法承受，一次性大幅度上涨。

实际上，一年涨一点，消费者会有一个心理预期，接受起来也比较容易，因为消费者也知道租金、原材料等每年都会涨一点。如果一次性大幅度上涨，会显著降低产品销量。而频繁、小幅度地涨，如一年涨一点，消费者接受起来会更容易一些，对销量的负面影响要小一些。

策略 11：接着策略 10，企业需要涨价时，还可以变相涨价。

例如，企业成本上涨，需要涨价时，如果消费者对价格非常敏感，企业还可以采取变相涨价的方式。

如原来 550ml 售价 3 元的饮料，改为 500ml 售价 3 元。消费者一般不会明显觉察到涨价。可口可乐就是这样，原来 550ml 卖 3 元，现在 500ml 也卖 3 元。你意识到它涨价了吗？

又如原来一盒 10 小包售价 20 元的非处方药，改为一盒 8 小包售价 20 元。消费者一般也不会有明显的涨价感知。

你可能会说，这不是教企业欺骗消费者吗？我想说的是，这是在企业成本上涨，不得不涨价的情况下的更具有智慧的策略。

策略 12：降价时，关于价格折扣的描述，请遵循 100 原则。

什么意思呢？就是说，当你的产品的价格低于 100 元时，打折时，请告诉顾客折扣的百分比。

如一个价格 50 元的搅拌器打八折，你告诉顾客"折扣 20%"和告诉顾客"折扣 10 元"，顾客感知到的折扣额度是不一样的，如图 7 - 6 所示。

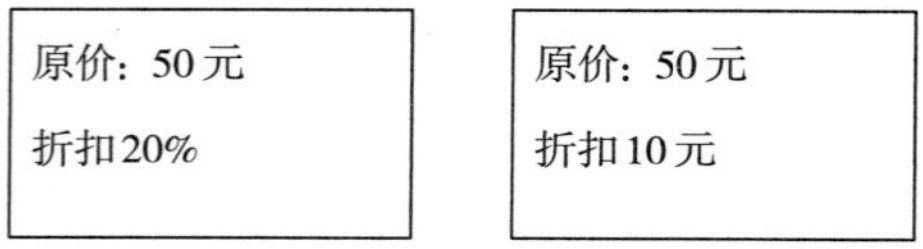

| 原价：50 元 | 原价：50 元 |
|---|---|
| 折扣20% | 折扣10 元 |

**图 7 - 6　价格低于 100 元时的两种折扣呈现方式**

接收到"折扣 20%"的信息要比"折扣 10 元"的信息感觉折扣更大一些。

反之，当产品的价格高于 100 元时，告诉顾客折扣的绝对值会更好。

如一个售价 200 元的商品打八折，"折扣 40 元"要比"折扣 20%"会让顾客觉得折扣更大，如图 7 - 7 所示。

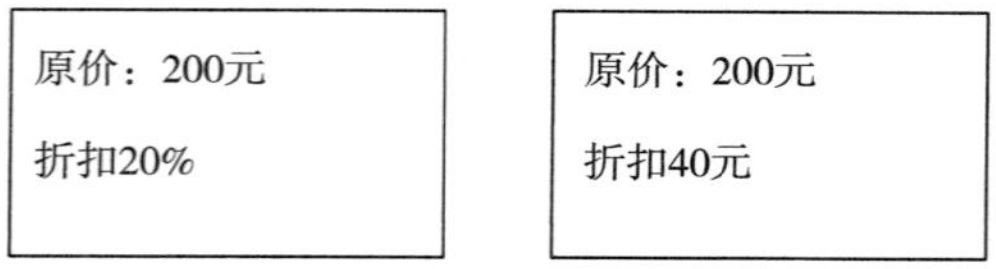

| 原价：200元 | 原价：200元 |
|---|---|
| 折扣20% | 折扣40元 |

**图 7 - 7　价格高于 100 元时的两种折扣呈现方式**

策略 13：在打折时，请给折扣找个合理的理由。

企业在没事的时候，不要轻易通过降价来搞促销，因为这样会直接损失企业的利润，同时还会损害企业品牌的形象。经常通过降价搞促销，会造成顾客只会在低价位时购买，高价位时企业根本卖不动的局面。

因此，为了避免折扣的上述负面影响，企业在打折销售时，一定要给顾客提供一个合理的理由。如因为顾客购买的量达到一定的额度，才给予一定的折扣；又如，一些消费品经营企业，如蛋糕店，在顾客生日当天给顾客较大的折扣；还有，一些季节性商品在"淡季"的时候打折销售；等等。

给顾客一个合理的理由，一方面达到了促销的效果；另一方面，当合理的理由不存在、企业恢复正常价格时，也不会对企业的销售产生显著的负面影响；此外，对品牌和产品的形象也不会有负面影响。

策略14：月底搞促销，效果可能会更好。

这个策略涉及的是"最后一块钱效应"。什么是"最后一块钱效应"呢？

大家可以想想如下情景：假如你是一家公司员工，在某个月的月初，公司刚给你发工资，此时，你往你的这个月的娱乐消费账户注入300元，也就是说，本月你打算在娱乐消费上花费300元。

接下来，在如下两个不同的时点，需要你进行娱乐消费：

● 第一个时点，在月初，刚发完工资时，你刚往你的娱乐消费账户里注入300元，需要你花30元买一张电影票。

● 第二个时点，到了月底，你的娱乐消费账户的钱花的只剩30元了，需要你拿这30元来买一张电影票。

请问，上面两种情景中，哪一种情景你拿30元买电影票更心疼？显然是第二种情景，因为你的娱乐消费账户只剩30元，买完票，你的娱乐消费账户就没钱了。

类似的道理，对于按月并且在月初发工资的广大工薪阶层来说，月底时，各类消费账户的余额都所剩无几，这个时候，相关消费品经营企业进行促销，无疑相当于雪中送炭。相关的促销活动对消费者来说会更有吸引力，也更具有效用。

在这一条策略下，还可以衍生出来一个新策略，就是：企业在开展新产品试用、试销时，最好选择在月初进行。为什么呢？因为月初时，消费者各类消费账户的预算较为充足，更可能进行超出计划的冲动性购买。在月初，推广新产品、试销新产品，对于按月领取工资的工薪阶层来说效果会更好。

策略15：仅对低价或大众化商品使用折扣策略。

对低价或大众化商品进行折扣，并给折扣找一个合理的理由，会达到有效促进销售的目的。

与之对应，对品牌商品或奢侈品不要采用折扣策略，因为品牌商品或奢侈品主要的卖点是品质，是卓越的功能、品牌等，如果采用折扣策略，会将消费者的注意力引向价格。而对于品牌商品、奢侈品等，价格上是不具有竞争优势的。

总结一下就是：

- 如果企业靠价格取胜，可以采取折扣策略。
- 如果企业靠品质、品牌取胜，不要轻易使用价格折扣。

策略16：用逐步衰减的方式结束折扣。

经过一段时期的打折，你想将价格涨回去，怎么涨？最好的办法是逐步涨回去。

例如，空调经营企业在冬季进行较大幅度的打折销售，冬季结束，需要涨回原价时，最好是慢慢涨回原价。如一周涨一点，等到接近夏季时涨回原价。首先，这里的促销有一个合理的理由——冬季促销，之后再一点一点涨回原价。在中间的某个时点上，消费者会形成"未来的价格会更高"的认知，也就是增加消费者的"预期后悔"，从而激励他们现在抓紧购买。

最后小结一下，上面结合一些最新的学术研究发现阐述了新的定价策略。如果企业试过上述所有定价或折扣策略，产品仍然卖不动，那可能就不是定价的问题了，而是产品本身的价值或价值主张不能吸引顾客。这时候，企业可能更需要思考：

- 我们的产品有特别之处吗？特别之处是什么？
- 与竞争者的产品相比，我们的产品有什么不同？有什么优势？
- 消费者喜欢我们产品的差异化卖点吗？

以上问题思考清楚了，更有助于企业进行有效的设计与研发，开发顾客喜爱的产品与服务，从而获得市场成功。

# 7.4　渠道策略的科学问题

本节主要讨论关于渠道的三个方面的科学性问题：①线上渠道的兴起；②告别传统以渠道为核心的组织架构；③是否所有商品都适合线上销售。

### 7.4.1　线上渠道的兴起

2018 年 1～12 月，全国网上零售额为 90065 亿元，比上年增长 23.9%[①]。实际上，早在 2014 年，传统零售行业就已经感受到线上零售的巨大冲击。2014 年，全国 50 家重点大型零售业全年有 7 个月同比负增长，38 家企业同比下滑，连锁超市陷入关店潮。2015 年，57 家上市公司、上市百货及购物中心公司中，营业收入下降的有 32 家，占比 61.4%，57 家整体利润额下降 1.85%[②]。

线上零售为何能够对线下零售造成强烈冲击？根本原因是，2010 年以来，以智能手机为代表的智能终端、移动互联网及移动支付平台等的快速发展，将人们的生活引到了线上。

人们感受到了互联网的便利，也逐步习惯于线上空间的生活：

√ 社交方面，人们依托微信进行聊天沟通，没事发发微博、刷刷朋友圈；通过这些线上平台相互沟通、相互点赞、相互评价。

√ 购物方面，通过饿了么、美团等在线订餐；通过淘宝、天猫、京东、苏宁易购等在线挑选心仪的商品。

√ 娱乐方面，人们通过微信、支付宝等平台购买电影票，然后去观影；通过抖音、快手等展示自我、娱乐自我。

√ 旅行方面，人们通过各类线上 App 购买汽车票、火车票、机票及租车、预订酒店、制订出行计划。

√ 日常生活方面，人们通过微信、支付宝平台缴水费、电费、煤气费、采暖费；通过 58 同城找月嫂、育儿嫂、开锁匠等。

√ 在当前，中国的线上空间几乎无所不能。

当人们的生活尤其是商业生活都被引到线上的时候，预示着线上渠道的兴起。线上渠道包括线上分销渠道和线上传播渠道，线上分销渠道指的是通过互联网及配套服务机构向顾客展示、销售、传递产品和服务；线上传播渠道指的是基于互联网的各种媒介，向目标客户传递和接收信息。

---

① 国家统计局，http：//www. stats. gov. cn/tjsj/zxfb/201901/t20190121_ 1645784. html.
② https：//mp. weixin. qq. com/s/34UVEQAX－92vdF9z－VhdYg.

根据《第44次中国互联网络发展状况统计报告》，截至2019年6月，我国网民规模达到8.54亿，互联网普及率达到61.2%，其中手机网民规模达8.47亿。网民中使用手机上网的比例，由2018年底的98.6%提升至2019年6月的99.1%，手机上网已成为网民最常用的上网渠道之一。

针对各类最终消费品，线上分销渠道将成为未来企业获取顾客的主要渠道，也就是企业销售产品和服务的主要渠道。如：

√ 我们多次提及的小米公司，主要就是通过线上网络渠道，也就是小米的官网，以及第三方电商平台，如京东商城来销售该公司的各种产品。

√ 鲜花B2C电商企业花点时间也是主要通过线上分销渠道，也就是微信公众号和自己的App向顾客销售鲜花。

线上传播渠道将成为企业与顾客之间开展双向沟通的主要渠道。比如：

√ 杜蕾斯主要通过官方微博，一方面不断传播品牌，另一方面不断与"粉丝"、顾客互动。

在中国，互联网尤其是移动互联网日益普及，人们的生活由传统的线下空间向线上空间转移。在这样的背景下，企业需要充分建设并利用线上分销渠道和线上传播渠道。

传统上，依赖传统线下分销渠道获取顾客的企业必须依托互联网进行转型，通过线上渠道寻找、获取顾客。传统上，依赖线下传播渠道与顾客沟通的企业同样需要转变思维，通过线上传播渠道，尤其是在线社交媒介，如微信公众号、官方微博、今日头条号等与顾客开展积极有效的沟通。

### 7.4.2　告别传统以渠道为核心的组织架构

鉴于人们的休闲、娱乐、购物等活动主要转移到线上，因而大企业需要改变传统以渠道为核心的组织架构，构建以顾客为核心的组织架构。在当前市场环境下，企业需要一个良好的组织架构来支持它的供应链，支撑它能够快速响应顾客需要的变化。

接下来通过正反两个例子来阐述当前市场环境下，为什么要告别传统以渠道为核心的组织架构，构建以顾客为核心的组织架构。

### 7.4.2.1　乐纯酸奶公司的组织架构

2015 年才创立的乐纯酸奶公司，起步于北京三里屯的一个只有 35 平方米的小工厂，现发展成为每日生产 10 万盒（定价为 6 盒 95 元），进驻米其林餐厅、各大世界五星级酒店和各大高级进口超市，得到了高端线下渠道的广泛认可[①]。创业两年之内，销售额便突破 10 亿元。鉴于乐纯公司的创新性和快速发展，其获得了来自真格基金、IDG 资本、华创资本、阿里巴巴集团总参谋长曾鸣教授等中国投资机构和投资人的三轮投资[②]。

乐纯从一个小公司快速发展成为一个大公司，很大程度上得益于其以顾客为核心的组织架构。那什么是以顾客为核心的组织结构？就乐纯公司而言，组织架构主要包括如下五个部分[③]：

- 产品运营部：负责新产品不断研发、迭代。
- 内容运营部：负责品牌内涵塑造与运营。
- 用户增长部：负责产品与品牌推广。
- 用户运营部：负责与用户在网络上交互和反馈。
- 用户体验部：负责线上和线下店的运营和服务。

整个组织的运营都围绕用户（顾客）展开，具体到产品研发、定价、包装设计、新产品推出，都让用户参与进来。以顾客为核心的组织架构，使乐纯公司的所有运营活动都围绕顾客需要、响应顾客需要，因而能更好满足顾客需要，不断为顾客创造价值，并赢得顾客的喜爱，进而获得极速增长。

### 7.4.2.2　娃哈哈公司的组织

娃哈哈集团是 20 世纪 90 年代的一家典型的中国式成功企业，娃哈哈矿泉水、AD 钙奶、营养快线、八宝粥曾经都是热销产品，然而现在面临衰退的窘境。

① "从多维度看网红品牌乐纯酸奶的模式"，https：//www. niaogebiji. com/article－17533－1. html? from = singlemessage.

② http：//www. lechun. cc/join. html.

③ "案例｜打破传统渠道运营思路，2 年多将一瓶酸奶打造成 10 亿新品牌"，https：// mp. weixin. qq. com/s?＿＿biz = MzIzMjA4NTkyNA == &mid = 2247484833&idx = 2&sn = fee5b1f6f6d09c65b53a 04d2187cc719&chksm = e89b056adfec8c7c23d83a5729be96e8ce5205cb7ac3bf2a8ff9dd90b2be171bdedefd8fd77e& mpshare = 1&scene = 23&srcid = 0926IdKWtAyMSHzTt49ar0dV&sharer＿sharetime = 15700597232 10&sharer＿sha- reid = 8ecbafd68454bf2f9e50d6200b6a9fe4#rd.

先通过图 7-8 了解该公司近 10 年销售业绩的变化。从 2013 年开始，其销售额呈现逐步下降的趋势。这不免让人惋惜，一家曾经辉煌的企业到底怎么了。

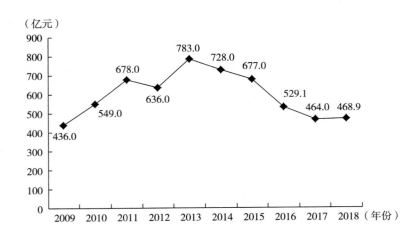

**图 7-8　娃哈哈集团近 10 年销售额变化**

资料来源：根据网络资料整理。

　　娃哈哈公司目前面临的困境，恐怕是早年成功但近代缺乏转型的企业面临的共同问题。娃哈哈早年的成功，关键在于其有强大渠道及渠道管控能力。在"渠道为王"的年代，依靠的是"野蛮生长"的方式：找一个市场上的成功饮料对标，然后低成本迅速复制一款，并借助娃哈哈强大而稳固的经销商渠道投放至渠道终端，同时辅以大规模广告宣传。① 例如，1987 年对标广州太阳神的娃哈哈儿童营养液、1991 年对标乐百氏推出的果奶、1996 年对标乐百氏钙奶的娃哈哈 AD 钙奶等，都是这样的运作方式。在低成本大规模制造的时代，这种跟风模仿的后发制人战略，可以通过自己的渠道优势迅速抢占市场份额。②

　　①② "深度 ｜ 娃哈哈帝国为何陨落?90 后称它'真的太土了'!"，https：//mp. weixin. qq. com/s？ ＿＿biz = MzA5NjE2MzUyNw = = &mid = 2692358606&idx = 1&sn = a1dda983da55ce032c82005d49fc2ab1& chksm = b53ac266824d4b707a442d77c73ff7d9c4398f6c6d2343fc2007817d49e2f1083fbf9fb10a4c&mpshare = 1&scene = 23&srcid = 04276C2ZSUWpeq6AvOwHKAz2&sharer＿ sharetime = 1570063818545&sharer＿ shareid = 8ecbafd68454bf2f9e50d6200b6a9fe4#rd.

娃哈哈的组织架构就是传统的直线制结构：总部—省区分公司—特约一级批发商—（特约）二级批发商—三级批发商—零售商。在 20 世纪 90 年代和 21 世纪前 10 年，娃哈哈依靠这一结构牢牢掌控渠道，帮助企业获得了巨大的市场成功。然而进入新时代，市场环境发生了深刻的变革，要求企业的组织结构相应发生改变。而类似娃哈哈这样的传统上非常成功的企业却没有相应地变革。不围绕顾客重新架构组织，就会出现以下结果：

　　√ 新品上市遇挫。猫缘咖啡在推出两年后以失败告终，这只是娃哈哈众多新品里的一个。

　　√ 传统热销产品不再热销。2014～2016 年明星产品营养快线的销售额分别为 153.6 亿元、115.4 亿元、84.2 亿元，缩减近一半。

　　√ 销售体系遭遇挑战。当越来越多的娃哈哈产品变得难卖时，原来强势的销售体系也在受到挑战，经销商和销售团队之间开始出现各种矛盾。

　　√ 品牌影响力削弱。无论从渠道还是营销方式上，娃哈哈都在逐渐沦为一个三四线和乡镇市场的品牌。

　　最终就出现了图 7-8 所示的销售业绩变化的结果。对于娃哈哈公司的未来，我们认为，可能要从传统的"渠道为王"的模式，向以"产品或者顾客价值为王"的模式进行根本转变。只有紧紧围绕顾客需要，架构组织、开展运营活动，产品研发才更有效，新品推出才更可能成功，企业持续增长才更有可能。

　　2019 年 10 月 12 日，笔者参加了在北京召开的"科特勒未来营销峰会"，峰会上，娃哈哈的董事长也进行了发言，说实话，听了发言之后，笔者不免对该公司的未来更加担忧，因为董事长主要强调的还是渠道、经销商、经销网络，而不是如何更好地理解顾客，如何更好地围绕饮料为顾客创造卓越价值。

　　上面的两个例子说明，现代企业无论处于什么行业，都应该围绕自己的顾客来架构组织结构、开展运营。以顾客为导向、以用户为核心，更好地为顾客创造价值、传递价值的组织架构，在当前的市场环境下是更科学的。

### 7.4.3　是否所有商品都适合线上销售

　　上面讲到了线上渠道的兴起，讲到企业需要借助互联网进行转型升级。这里，再抛出一个问题：所有商品都适合线上销售吗？我们认为，奢侈品（尤其是重奢）和生鲜商品可能是线上电商难以攻克的两个堡垒。

（1）先说奢侈品。在当前的"互联网＋"和电子商务快速发展的大背景下，奢侈品网购平台不断涌现，比如当前经常被消费者提及的第五大道（5lux. com）、尚品（shangpin. com）、优众（ihaveu. com）、银泰（yintai. com）等。在这种奢侈品网络销售平台不断涌现的背后，有必要思考：奢侈品适合网络销售吗？

笔者的观点倾向是否定的。为什么呢？理由如下：

在过去的十多年，虽然中国的电子商务快速发展，但是一说到质量、信任与体验感知等方面，人们对网络销售平台更多持有的是低端或负面的印象。如淘宝网、京东等网购平台一直存在假冒伪劣、欺诈消费者的问题。事实上，网购渠道吸引消费者的主要特点就是低价。特别是近年来，网购平台企业推出的"双十一"购物节及相应的促销活动，让众多消费者将网购与低价或高性价比联系起来。还有以低价著称的拼多多。因此，一提到网络渠道，消费者联想到的可能是低端、低质量。

根据刻板印象理论，人们会根据对某个群体一般化的认知来形成对群体所属个体的印象。如果消费者对网络销售渠道已经形成低端的一般化印象，则对某一个从事奢侈品销售的网络平台恐怕也很难形成高端的印象。所以我们认为，消费者对网络渠道的低端刻板印象会抑制消费者通过网络平台购买奢侈品的意愿。

另外，已有的奢侈品网购平台还存在下面列举的一些问题：

● 产品来源缺乏授权。目前国内的奢侈品网购平台中只有极少数获得了正式授权；在网络渠道上销售的奢侈品往往是一些过季产品或者一些存货、尾货，产品存在一定的瑕疵。

● 奢侈品网购平台销售的产品质量良莠不齐。目前国内奢侈品的高仿、赝品等大量存在，网购平台又是这类商品的主要销售渠道，这导致奢侈品网购平台的口碑不高。

● 现场与售后服务存在问题。通过网络渠道购买奢侈品让消费者缺少了两个很重要的体验环节，一个是现场服务，另一个是售后服务。在网购平台上，消费者只能通过聊天软件与商家进行交流，这就使购买奢侈品的消费者很难感受到现场尊贵的服务和体验。另外，网购平台承诺的退换货、维修、保养等售后服务一般比较麻烦，消费者经常得不到及时有效的回应。

对此，我们还进行了一项调查研究。问卷调查主要面向辽宁大学的 MBA 学员、沈阳某高校教职工群体及三家企业白领发放与回收问卷。共有 414 人填写了问卷，剔除不合格问卷，最终得到有效问卷 333 份。问卷调查的内容包括消费者购买奢侈品的渠道偏好、消费者对网络渠道的刻板印象、对实体店渠道的刻板印象，以及性别、年龄、家庭年收入等人口统计变量信息。

调查结果显示，针对网上购买，60.8% 的被试"会联想到低质量"，81.7% 的人"缺乏体验感"，65.6% 的人"缺乏信任感"，80% 的人认为"容易产生尺寸不合适的问题"。进一步的研究还发现，针对过去已经发生的奢侈品渠道选择行为，如果消费者对网络渠道的负面印象越强，即在质量、信任感、体验感、尺寸合适性等方面的印象越差，则越倾向在实体店渠道购买服装、箱包、鞋子和手表类奢侈品。

以上结果支持了上面的理论分析，众多消费者对网络渠道在质量、信任、体验感、尺寸合适性等方面的印象感知是负面的，这些负面印象会抑制消费者通过网络渠道购买奢侈品。因而，虽然线上网络渠道蓬勃发展，但奢侈品经营企业在"是否重点发展线上网络渠道"这一问题上需要三思。实际上，就在笔者校对本节内容时，发现前面提及的奢侈品网购平台，如尚品、银泰和优众在网络上都消失了。

我们认为，针对一些重奢品，尤其需要谨慎面对线上销售的问题。事实上，在我们查阅相关网络资料时，有网友发表了如下观点，即网购来的奢侈品算不上真正意义的奢侈品。因为奢侈品是只有少数人才有能力拥有的、与众不同的、高度个人化的非必需品，而"网购"是标准化、大批量、低价、无个性的代名词。两者在文化内涵上是无法对接的，所以网购奢侈品从本质上来说是不成立的①。

（2）再说生鲜商品。生鲜商品包括没有经过烹饪、制作等加工工序，只做必要保鲜和整理就上架销售的初级产品，如蔬菜、瓜果、肉类、淡水鱼类、海鲜，以及烘焙、熟食等现场加工的商品。

对于零售的生鲜产品，消费者一般对新鲜度有很高的要求，这就限制了通过

① "为什么网购来的'奢侈品'算不上真正意义的'奢侈品'？"，http：// money. 591hx. com/article/2017 - 12 - 04/0000434474s. shtml.

线上渠道开展生鲜产品销售的机会。试想一下，假如你通过在线商城购买了一颗白菜，经过运输环节的各种"折腾"，这颗白菜还能以完好的、水灵灵的、新鲜的状态到达你的手中吗？显然很难。

又如，在不采用冷链运输的情况下，你在网上购买了2斤牛肉，它能够以非常鲜嫩的状态到达你的手中吗？现实中答案往往是否定的。

这样就会造成顾客的不满意。一旦经历一次或几次不满意，消费者还会通过线上渠道购买吗？

从消费者的角度，还有一个问题是，只有年轻顾客会通过线上渠道购买生鲜产品。年龄较大的顾客，一般不会通过线上渠道购买生鲜产品。因为每天逛逛线下的菜市场，挑挑拣拣、买点菜是大妈们日常生活的重要组成部分。

另外，站在企业的角度，消费者购买一颗白菜只需支付几块钱，邻近冬季的时候，一颗白菜只需几毛钱，但是一颗白菜重4斤左右。这样的线上零售，企业如何能够盈利？

事实上，有统计数据表明，对于生鲜电商，每一单的履单成本平均在50元左右，最高的冷冻类的能够达到98元，而损耗率一般在15%～30%，但是平均生鲜的客单价是150元①。这样的话，生鲜电商怎么挣钱？所以有人说，零售生鲜电商似乎是一个"美丽的神话"。2016年以来，很多生鲜电商相继关门。

来自中国农业生鲜电商发展论坛的一组数据显示，全国4000多家生鲜电商企业中，只有1%实现了盈利，4%持平，88%亏损，剩下的7%是巨额亏损。②盈利的基本都是做B2B，而不是B2C。

因此，对于零售类的生鲜商品，单纯的线上渠道似乎并不是一个合适的选择。近几年较为火爆的盒马鲜生也是"线上+线下"整合的模式，在全国各地开设了多家线下门店。消费者可以线上购买，线下取货，或者直接到店购买。

事实上，就算是阿里巴巴耗费了10亿多元打造的盒马鲜生，现在也面临顾

---

① "电商攻不破的零售堡垒是什么？传统零售如何反攻？"，https：//mp. weixin. qq. com/s/34UVEQAX－92vdF9z－VhdYg.

② http：//market. chinabaogao. com/it/041320OA2017. html.

客的吐槽，如有顾客认为不新鲜，体验不佳，买过一次不会再买[1]，等等。事实上，一些盒马鲜生店因为产品质量问题也被迫关店[2]。

所以，并不是所有商品都适合通过线上分销渠道销售，本节讨论的奢侈品、B2C 的生鲜产品就不太适合。所以，企业在依托互联网向线上转型的过程中，还需要结合本企业产品的特点，结合顾客的需要，做出科学的决策。

# 7.5　促销策略的科学问题

教科书上关于促销，主要从广告、人员推销、公共关系、销售促进等方面进行了相关策略的阐述。下面分别围绕这四个方面，就一些相关的科学策略进行分析。

## 7.5.1　广告相关科学问题

广告的目的、内容与形式、预算管理、媒介选择、投放决策等，在一般的教科书中均有介绍。这里主要介绍需要注意的关键问题，以及学术界关于广告策略的一些新发现。

需要注意的问题如下：

（1）广告的内容与形式一方面要独特、具有吸引力，另一方面要值得信赖，不能一味地为了"抓眼球"，而夸张、吹嘘。如蒙牛 2010 年在全国各大电视媒体上就推出过"喜欢蒙牛真果粒的 9 亿个理由"的广告，过分夸张，不具有可信性。相反，奥妙洗衣粉、洗衣液强调的"去除 99 种污渍"并将其一一列出来的做法值得称赞，这样一方面具有吸引力，另一方面让人感觉值得信赖。

（2）一定的重复有助于消费者记忆，但过多的重复只会招致反感。如恒源

① "马云耗资 10 亿多投资的'盒马鲜生'，如今怎么样了"，http：//dy. 163. com/v2/article/detail/EF3BCLM705372XY5. html.

② "阿里转型新零售之后，盒马鲜生开始关店，未来到底会怎么样呢"，https：//baijiahao. baidu. com/s？id = 1633040975825788119&wfr = spider&for = pc.

祥在 2008 年春节期间推出的"羊羊羊"系列广告多次重复，确实让消费者记住了，但与消费者的记忆相伴随的还有厌恶的情绪。现如今，很多电视广告仍然高频率地重复，相关负责人需要谨慎对待这一策略。

（3）除了传统电视、杂志、户外广告等载体，在社交媒体上进行精准投放，在目标客户喜欢的电影、综艺节目中进行精准植入，可能是更有效的广告投放方式。如近几年国内拍摄的《乡村爱情》电视剧让"老村长"酒、"飞鹤"奶粉、"施可丰"化肥等一批植入品牌得到了极大的宣传。

（4）依托体育赛事赞助进行广告宣传的企业，一方面需要注意产品与赛事类型的匹配（如运动鞋品牌赞助足球赛事），另一方面还需要注意被赞助球队的成绩对赞助商品牌的潜在负面影响。2017 年，车来车往旗下的二手车帮卖平台"沈阳开新"花费 8800 万元赞助了辽宁宏运足球俱乐部①，结果该赛季辽足总是在输球，并于赛季末降级。这样的赞助，不仅不会给赞助企业带来影响力的提升，还会降低广大受众对赞助企业品牌的信任②。

学术界关于科学广告的一些新发现如下：

（1）选择与产品性质（产品类型）相一致的媒介，如电子产品、高科技产品最好在微信、高科技领域公众号等具有一定技术含量的媒介上投放广告。事实上，最近被自媒体广泛报道的网红"文怡姐姐"在其微信公众号"文怡家常菜"上，10 分钟成功销售 1.5 万个标价 1500 元的砧板的事件③，非常深刻地说明产品与媒介环境的匹配有多么重要。因为合适的媒体环境更容易激发消费者对产品广告的认知、记忆与购买欲望。公众号"文怡家常菜"频繁地分享"文怡姐姐"精致地烹饪各类美食的视频，这无形中会激发观众对美食及制作美食所需道具（包括砧板）的注意和兴趣。在传统的电视、杂志、户外广告上，再多的吆喝恐怕也很难让消费者购买一个价格 1500 元的砧板。

---

① "辽足壮行会获 8800 万冠名　新赛季命名沈阳开新队"，http：//sports. sohu. com/20170226/n481775098. shtml.

② 感兴趣的读者可以详细阅读我们的研究：Yuan S. ，Huo C. ，Malik T. H. The Negative Spillover Effect in Sports Sponsorship：An Experiment Examining the Impact of Team Performance on Sponsor's Brand Trust［J］. International Journal of Sports Marketing and Sponsorship，2019.

③ 感兴趣的读者可以进一步阅读："卖出天价靠的就是心理唤起"，https：//www. xinli001. com/info/100316209.

（2）类似地，当品牌和产品的主要价值主张是理性的时，如"××麦片，健康的选择"，最好选择在主要表达理性的媒介（如"罗辑思维"微信公众号）上投放广告；当品牌和产品的价值主张是感性的时，如"××麦片，美味的选择"，则最好选择主要表达感性的媒介上（如"文怡家常菜"公众号）投放广告①。

（3）在杂志等纸质媒体上投放广告，避免将广告放在中间位置。根据首因效应，人们会对杂志前面最先看到的广告有更深刻的记忆；根据近因效应，人们会对杂志最后面的广告留下最近的记忆。不管是放在前面还是放在最后，一定要避免将广告放在最中间，除非通过一些特殊的纸张进行明显区分，否则人们一般难以对处于杂志中间位置的广告留下印象。

（4）平面广告中如果利用图片，则将图片放置在左侧。因为人类的左眼连接右半脑，右眼连接左半脑；根据斯佩里（Roger Wolcott Sperry）的左右脑分工理论，相比文字信息，右半脑更善于处理图片类信息，左半脑更善于处理文字信息。因而在平面广告中，将图片置于左侧，更有助于提升大脑处理的流畅性（Processing Fluency），这样有助于人们更快地吸收广告的内容，并且对广告形成更赞许的态度②。

（5）广告中产品图片的呈现最好有利于消费者建立心理互动。如图 7-9 所示的一个茶杯，分别将其手柄置于左侧和右侧，您认为那个图片更有助于消费者与图片中的茶杯建立心理互动？对于绝大部分的"右利手"而言，显然是右边这个茶杯，因为一伸手就能抓住。

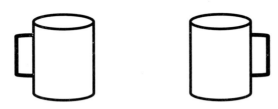

**图 7-9 手握柄分别置于左边和右边的茶杯**

---

① "卖出天价靠的就是心理唤起"，https://www.xinli001.com/info/100316209.

② Alter A. L., Oppenheimer D. M. Uniting the Tribes of Fluency to Form a Metacognitive Nation [J]. Personality and Social Psychology Review, 2009, 13 (3): 219–235.

又如鞋子的摆放，鞋子图片呈现脚尖部分朝前、脚跟部分朝后的姿势，更有助消费者建立心理互动：一伸脚就能穿进去。

当广告中的图片更有助于消费者建立心理互动时，人们的赞同态度更积极，购买意愿更高①。

（6）当广告中使用模特时，将模特的视线导向目标信息。大家可以先看一下图7－10（a）和图7－10（b）两张眼动仪下的热区图。

（a）对视热区图

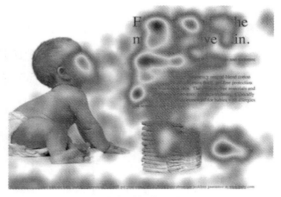

（b）导视热区图

**图7－10　对视热区图和导视热区图**

资料来源：网络。

---

① Elder R. ，Krishna A. The Visual Depiction Effect：Inducing Embodied Mental Simulation that Evokes Motor Responses ［J］. Journal of Consumer Research，2012，38（6）：988－1003.

为了帮助大家理解，先简单介绍一下眼动仪和热区图。眼动仪就是一种佩戴在脑袋上之后，能够监测你的眼睛关注哪儿、在哪个地方停留多久，你的视线如何移动等指标的科学仪器。热区图就是眼动仪下监测出来的你的眼睛关注哪儿、在哪个地方停留多久的图片。热区图上，颜色越深的地方即你的视线停留越久、观看时间越长的地方。

图 7 – 10（a）中，小孩的视线与阅读该平面广告的阅读者的视线是对视的状态。在图 7 – 10（a）对视的状态下，人们主要看小孩子的鼻子、嘴巴位置的"三角区"。小孩子右侧的广告文字信息，阅读者基本不怎么关注，大家看那些淡淡的颜色就知道了。

再看图 7 – 10（b），小孩子的眼睛望向右边的广告文字信息。这个时候，阅读这个平面广告的人的目光自然也跟随小孩子目光的方向，开始看右边的广告文字信息。图 7 – 10（b）右侧的文字有很多的深颜色区，意味着人们的视线在文字上停留较长，人们认真读了文字的内容。

所以说，如果平面广告中的模特，如美女、儿童的视线和广告受众是对视的时候，观众阅读广告时的注意点都在模特的脸部或者是模特身上一些有吸引力的部位，而不是广告中的焦点信息，也就是产品的文字介绍。

如果模特的视线望向目标信息，观众也会不自觉地跟着将其视线转向广告中的目标信息，这样，受众更可能阅读到商家希望通过广告表达的重要信息。

因此，当广告尤其是平面广告中使用模特时，要将模特的视线导向目标信息。

（7）当产品与模特有关联时，考虑在广告中展示有吸引力的模特。如高档汽车、化妆品、美妆产品、减肥产品，展示有吸引力的模特会提升消费者对广告的偏好，激发购买欲望。与模特不相干的产品，如技术类产品（如软件）、办公用品（如打印机）、家具等，在广告中则不需要呈现有吸引力的模特。与模特不相干的产品广告中呈现模特图片只会起到反作用：人们的注意力都在模特身上，忽略了产品图片和信息。

（8）广告中，将表达情绪的词汇的字体变大。这样做一方面能吸引受众的注意，另一方面，更重要的是能够放大情绪词汇对受众的影响①。如为治疗痛风的某药片设计如下广告词：

● 您还在为痛风而苦不堪言吗？快来购买××药片吧。

如果改成：

● 您还在为痛风而**苦不堪言**吗？快来购买××药片吧。

显然，第二种更能抓住受众的眼球，更能显著地影响受众购买××药片的欲望。

（9）享乐型产品的广告，使用肯定性的语言文案。享乐型产品如巧克力、冰激凌、蛋糕、糖果等。享乐型消费的情景一般会激发人们的积极情绪。这时候，人们期望积极、肯定的语言来帮助他们做出享乐型消费的决定。积极、肯定的语言会提升消费者对广告信息处理的流畅性，进而形成对广告的积极感知②。如冰激凌广告语中，介绍产品的优异特征之后，回避"快来试一试"之类的语言，采用"抓紧购买"之类的肯定语言。

（10）广告语中的口号采用押韵或者呼吁行动。如"众里寻他千百度，想要几度就几度"（出自伊莱克斯冰箱）、"维维豆奶，欢乐开怀"。同样，押韵的广告语会提升消费者认知和信息处理上的流畅性，这种流畅性同样会转化为对广告的认同。

（11）用细长的字体传达美丽。化妆品、美容服务、减肥产品等，凡是与美丽有关的产品的广告语，在关键词的字体上最好用细长的字体。比较如下两种字体的效果：

● ××**牌减肥药，会让您更有型**！

● ××牌减肥药，会让您更有型！

哪一种更可能让消费者相信××牌减肥药吃了会让人更有型，想必您心里已经有了答案。

（12）用奇特、晦涩的字体表达独特。针对日常生活消费品，广告中追求受

---

① Bayer M., Sommer W., Schacht A. Font Size Matters——Emotion and Attention in Cortical Responses to Written Words [J]. PloS one, 2012, 7 (5).

② Alter A. L., Oppenheimer D. M. Uniting the Tribes of Fluency to Form A Metacognitive Nation [J]. Personality and Social Psychology Review, 2009, 13 (3)：219 - 235.

众认知处理上的流畅性很重要，认知处理起来很流畅的广告会让消费者觉得更好，进而激发购买意愿。然而，针对高端产品，在其广告中提升认知流畅性可能并不一定是件好事，会让消费者觉得产品很普通。反之，通过一些奇特的字体等让消费者认知、处理起来没那么流畅，可能让受众觉得很独特①。比如：

- Chunxiang 美味酸奶。

- *Chunxiang* 美味酸奶。

第二种可能更让人觉得独特、高端。

（13）以文字内容为主的广告中，不用彩色，黑白即可。如果以文字内容为主的广告，再使用各种彩色背景，会增加消费者信息认知和处理的负荷。另外，也不便于消费者把主要注意力放在文字上。

（14）对于新产品，使用理性诉求的文案。当一种新产品上市时，消费者对其了解的信息较少，这时人们会有很强的理性动机去了解产品相关的功能、属性、特征等。这时候，产品文案中具有说服力的产品特征介绍更有助于促进消费者的购买。

针对新产品的宣传文案范式，以某新款酸奶为例，我们认为下面这样的描述会更好：

请选择购买我们的酸奶，因为相比普通酸奶：

- 我们有 3 倍牛乳投入

- 我们含有 3 倍蛋白质

- 我们采用 3 倍浓缩工艺

- 我的脂肪含量更低

……

对于新产品的购买，消费者更多受到理性动机的驱动。这个时候，企业的产品文案介绍如果使用理性诉求的文案，就像上面这个酸奶的介绍，更可能促进消费者的购买。

（15）对于老产品，使用感性诉求的文案。与第（14）条相反，针对老产

---

① Pocheptsova A. , Labroo A. A. , Dhar R. Making Products Feel Special：When Metacognitive Difficulty Enhances Evaluation ［J］. Journal of Marketing Research, 2010, 47 （6）：1059 – 1069.

品，如果消费者经常购买，人们已经很熟悉产品的具体功能属性和特征，就没有很强的动机再去了解。这时候，感性诉求的文案更可能创造一种新鲜感，从而激发消费者购买。比如：

- VIVO，更多年轻人都在购买的手机。
- 懂生活、更快乐，喝老村长酒。

这就是感性诉求的文案。

（16）使用负面信息框架的文案去激发行为。在人类进化的过程中，发展形成了规避痛苦的倾向。例如，很多人看到蛇就感到恐惧，即使现实中可能并没有见过蛇。鉴于此，人们发展形成了更容易感知负面信息的倾向。人类更容易感知负面信息的倾向，在广告中也得到了验证[①]。由于人们更容易关注到负面信息并且愿意付出更多心理资源处理负面信息，因而包含负面信息框架的广告文案更容易激发行为。据此，如果广告的目的是激发人们的行为，如下载某款 App、购买某种产品，在相应的广告文案中使用负面信息框架更可能引发目标消费者的注意，激发其行为。比如：

文案 1：××保险，让您远离**因病致贫**的风险。

文案 2：××保险，会让您获得 a)、b)、c) ……好处。

相比文案 2，文案 1 更可能激发人们购买重大疾病预防险的欲望和行动。当然，参考第（8）条，将"因病致贫"的字体变得更大一些效果会更好。

（17）使用正面信息框架的文案去促进记忆。广告中的正面信息框架是指产品能够给消费者带来的关键利益，即消费者为什么要购买你的产品。已有研究证明，负面信息更容易引起人们的注意；与此同时，研究还证明，正面信息框架的广告更容易促进人们的长期记忆[②]。据此，在广告文案设计时，如果企业希望消费者更多记住产品的重要差异化价值点或者记住产品的品牌，使用正面信息框架

---

① 感兴趣的读者可参阅：Ferreira，Paulo et al. Grabbing Attention While Reading Website Pages：The Influence of Verbal Emotional Cues in Advertising ［J］. Journal of Eye Tracking，Visual Cognition and Emotion，［S. l. ］，June 2011. Available at：< https：//revistas. ulusofona. pt/index. php/JETVCE/article/view/2057 >. Date accessed：11 aug. 2019.

② Bolls P. D. ，Lang A. ，Potter R. F. The Effects of Message Valence and Listener Arousal on Attention，Memory，and Facial Muscular Responses to Radio Advertisements ［J］. Communication Research，2001，28（5）：627 – 651.

的文案会有更好的效果。如"××旅行 App，能让您：a）获得更多旅游攻略分享；b）更多靠谱酒店预定；c）实时在线旅游信息服务……"

### 7.5.2  人员推销相关科学问题

人员推销主要指企业利用推销（或销售）人员，直接向顾客推销产品或服务的促销活动，这也是传统上众多人对"营销"的理解。关于人员推销的科学问题，这里讨论三个方面的问题：①推销的真实性；②顾客导向的推销；③推销人员的素质。

（1）推销的真实性。20 世纪 90 年代开始，在中国的企业界盛行"推销导向"，即强调通过销售人员的推销技巧把产品推销给消费者。这导致众多企业为了短期销售业绩，不顾消费者的利益而做出了诸多欺骗、忽悠顾客的事情，如产品并没有推销人员承诺的功效，销售人员故意隐瞒产品的缺陷，以看似具有性价比的价格推销劣质产品等。这些不真实的推销行为本质上属于违法、违规行为。

在当前法律法规日趋完善、市场环境日趋成熟的背景下，不真实的推销轻则可能遭遇消费者的负面口碑传播，重则可能遭遇顾客的维权行为。在移动社交媒体快速发展、消费者被社交媒体极大赋能的时代，消费者的负面口碑传播、维权行为极易演化成企业的舆论危机，由此给企业带来致命性的后果。鉴于此，在当前市场环境下，所有企业应该保障其推销行为应该是真实的，这是企业经营发展的底线，违背这一底线的企业终将被淘汰。

这具体要求企业依靠推销人员开展促销活动时：在理念上，做到诚实守信，不存有欺骗、忽悠消费者的想法；在行为上，实事求是地陈述产品的质量与功效水平，不要购买前通过忽悠抬高了消费者的期望，购买后让消费者失望。

（2）顾客导向的推销。"顾客导向"与"推销"看似是两个矛盾的概念。这里想表达的意思主要是企业依托推销人员开展促销时，推销人员的促销活动应该以顾客需要为先导。也就是说，要先对推销对象有一个初步的分析和了解，如通过看似漫无目的的闲聊，先拉近与推销对象的心理距离，让人至少不反感。然后通过聊天，分析推销对象的特点（文化程度、家庭背景、购买力等）、是否对本公司产品有潜在需要、本公司哪些产品可能适合他。在对推销对象有一个基本的判断之后，再开展有针对性的促销或推销活动。

实践中，我们经常接触到一些推销人员，在了解顾客需要与欲望之前，一上来就介绍产品的性能、卖点。这样的推销人员十有八九会遭遇推销对象的反感与拒绝。都不了解推销对象是什么样的特点、有没有需要、想要什么等，就上来一通推销话术，不碰壁才怪。

笔者认识的一位保险销售员（小王），讲了他曾经的一个很成功的推销故事——一段 30 分钟左右的公交车旅行，成功将一位陌生的邻座乘客变成自己的顾客。故事大概是这样的，小王上午乘坐 299 路公交车去公司，上车后找到靠后的座位坐下，经过 2 站后，旁边座位坐下了一位大姐。于是小王跟大姐聊起了家常，得知其即将去某医院看望一位得了重大疾病的亲属。在进一步的聊天中，小王还大致了解了大姐的家庭状况、对保险产品的购买能力，以及公司哪款保险产品是大姐非常需要的。然后进一步通过聊天的方式，让大姐明确需要——适合她需要的保险产品。当大姐明确且认同自身的需要之后，小王又恰当介绍了适合其特点的保险产品，最终达成成功推销的目的。

当然，在两人交流的过程中，小王一直保持着聊天的态度，尽量不让大姐将两人的交流感知为推销，最终拉近了两人的心理距离，解除了大姐潜在的戒备心理，成功实现了销售。

这个故事可能有偶然的成分，如大姐正好坐公交车去医院看望亲属，其对重大疾病的风险预防处于"被唤醒"状态。但小王的推销做法具有普遍上的启发意义：先了解潜在顾客的需要与欲望，再循循诱导，更有可能实现成功推销的目的。

（3）推销人员的素质。推销人员展现出来的素质也是企业开展成功推销的关键。现实中，消费者众多的购买决策并非很理性。实际上很多的购买决策都只是基于有限信息做出。在这有限的信息中，推销人员呈现给推销对象的第一印象是决定推销是否成功的关键信息。如果推销人员留给潜在顾客一个好的第一印象，成功销售的概率会远远大于没有留下好的第一印象的情形。

关于第一印象的构成，93% 由形象和声音构成。因而推销人员开展促销活动时，需要围绕形象（包括服饰、仪态、表情、视线等）和声音（包括音调、语气、说话、速度、音量等），尽量给推销对象留下一个好的第一印象。这具体要求推销人员在着装、外貌、仪表仪态、说话等方面，给推销对象留下正式、靠谱、值得信赖等积极的第一印象。

举一个具体的例子。职场商务男士的正装——西装，在具体着装上就有诸多要求，如"三个三"：三色原则（全身衣服颜色的色系不要超过三种）、三一定律（鞋子、腰带、公文包最好颜色一致，最好是黑色）、三大禁忌（袖子上的商标不拆、袜子颜色质地不符合、领带打法出问题）。遵守上述要求的着装，会给交流对方留下有素养、正规、专业等积极印象。否则，某一个细节出问题，如领带系得过短或过长，则可能给交流对象留下不专业、不正规、缺乏素养的负面印象。

稍具现代管理意识的企业可能都会给员工开展商务礼仪相关的培训，目的就是提升员工礼仪相关的素养。无论是推销还是谈判、商务交流等，商务人士都需要力争给对方留下一个积极的第一印象。这会积极地促进后续的商务交流。否则，一旦给对方留下不好的第一印象，无论是推销还是其他商务活动，后续都会面临诸多麻烦。

德鲁克说："营销就是要让推销变得多余。"关于人员推销，最后想说的是，企业应该做好前期的市场（顾客）调研，在深刻了解顾客需要与欲望的基础上，开展产品/服务的设计与开发，提供顾客真正需要的产品与服务。这些前期的营销工作做好了，后期的人员推销等工作可能真的会成为多余。试想，前些年苹果公司的新款产品，近些年星巴克的咖啡、肯德基的汉堡等，需要大量的人员推销吗？答案显然是否定的。

### 7.5.3 公共关系相关科学问题

首先，我们有必要澄清一下什么是公共关系。教科书上的定义，公共关系是指企业为了吸引各类公众，与他们建立良好关系而设计的所有活动[1]。

了解这个定义之后，我们就应该从观念上改变一提到"公关"就想到灰色寻租等不好的负面事情的观念。在一些人的观念里，"公关"的潜台词似乎就是通过灰色手段攻克一些关系障碍，进而获得便利待遇。

---

① 加里·阿姆斯特朗，菲利普·科特勒. 市场营销学（第13版）[M]. 赵占波，孙鲁平，赵江波等译. 北京：机械工业出版社，2019：338.

事实上，如果企业能很好地设计一些活动，关心并迎合社会公众的诉求，可能会给公众留下积极的、深刻的印象，从而使企业的产品和品牌进入公众的心里，还有可能因此而打动他们。

#### 7.5.3.1 卫龙辣条的例子

卫龙辣条，现在想必大家都知道这个牌子。其实，很多人包括笔者以前并不知道这个牌子。很多人之所以了解这个品牌，是通过一件事。

什么事呢？就是2017年韩国部署萨德导弹防御系统的事件。2017年，韩国不顾中国等国家的反对，执意部署了美国主导的萨德导弹防御系统，结果引发了中国政府及众多中国老百姓的不满。

在这一事件下，一家叫"卫龙"的中国辣条生产企业决定终止与韩资企业乐天玛特的合作，也就是停止向乐天玛特供应辣条等产品，并于2017年3月1日正式通过该公司的官方微博发表了一条声明，主要意思就是终止与乐天玛特供货和合作。消息中的最后一句"民族的终归是民族的，撤就撤了"在网络上引发了社会公众的一片叫好声。

该消息发布之后3天之内，该条微博消息被点赞20余万次，并且获得《人民日报》官方微博的转发和点赞[1]。

这一事件中，卫龙公司终止与乐天玛特合作，并且通过微博表态，赢得了中国公众包括政府部门和广大民众的好感。"卫龙"这一品牌及其旗下的产品很快火遍全国。

最后的结果，就像一位网上评论文章写的那样：

"在乐天萨德事件没发生之前，我根本不知道河南还有一个卫龙食品企业，更不知道卫龙食品是卖什么的，这次事件之后，打开手机看到微博和各大媒体纷纷报道卫龙食品撤柜乐天玛特超市的报道，搜一下淘宝，发现卫龙食品搜索量飙升到那么高，微博上各论坛中网友纷纷表示要抢购一空卫龙的辣条。"

总结卫龙抵制萨德、抵制乐天玛特这一公共关系事件，可以发现，卫龙公司并没有什么促销投入。但是，通过这件事，卫龙在品牌知名度、美誉度方面得到

---

① "韩国乐天萨德事件助力河南卫龙食品三天营收一亿"，http://www.sohu.com/a/127925436_635246.

了极大的提升。另外，在产品销售增长方面，也获得了非常积极的结果。

### 7.5.3.2 王老吉的例子

其实早在 2008 年汶川地震之后，当时名不见经传的王老吉在央视举办的赈灾晚会上豪捐 1 亿元的事，也是类似的公共关系事件。这件事也在网络上激发了中国公众对王老吉的好感，大家通过这件事，认为王老吉公司是一家良心、有责任心的企业等。

这件事件之后，网络上出现了非常火的帖子："王老吉，你够狠！捐一个亿！为了整治这个嚣张的企业，买光超市的王老吉！上一罐买一罐！"

当然，这个看似调侃的帖子，表达了社会公众对王老吉的感激之情。自那之后，网络上还流传着诸如"要捐就捐一个亿，要喝就喝王老吉"的调侃，都流露出了社会公众对王老吉的感激之情。

捐款 1 亿元这个事件也让王老吉及后来的加多宝，在品牌知名度、美誉度及产品销售增长方面都得到了极大的提升。

以上的例子表明，在移动互联时代，企业通过有意设计的活动或者无心的举动表现出对社会公众关切的支持，就可能吸引社会公众的关注，并给公众留下积极的企业、产品和品牌形象，从而赢得社会公众的广泛支持。

其他企业应该向这些优秀的企业学习，在做好产品和服务的基础上，要么自己设计主导，要么借助一些社会热点事件开展有效的公共关系活动，赢得社会公众好感的同时，促进品牌影响力的提升和产品的市场销售。

### 7.5.4 销售促进相关科学问题

销售促进就是我们平时很多人理解的促销。教科书上的定义，销售促进是指促进顾客购买的短期刺激工具[①]。传统的教科书上介绍了诸多销售促进工具，如价格折扣、样品、赠品、优惠券、抽奖、游戏等。传统的销售促进策略，如价格折扣、优惠券等都是在损失一定利润的前提下促进产品销售。

这里，我们重点给大家介绍一些融合了行为经济学和心理学研究成果的促销

---

① 加里·阿姆斯特朗，菲利普·科特勒. 市场营销学（第 13 版）［M］. 赵占波，孙鲁平，赵江波等译. 北京：机械工业出版社，2019：361.

新策略。这些策略都是尽量在不损失企业利润的前提下，在更好地掌握消费者心理的基础上，实现销售增长。

◇ 利用折中效应促进销售。

所谓折中效应，就是指在人们的偏好不确定的时候，人们倾向选择中间选项。

以理发服务为例，假如你是一位男性，你进入某家理发店，进店之后，接待人员告诉你，本店有如下两种服务：

（1）价格 19 元，是一位有三年以上从业经验的理发师给您剪发。

（2）价格 29 元，是一位有五年以上经验的理发师给您剪发。

想一想，您会选择哪一种？笔者去过沈阳的很多家理发店，基本都是这种定价模式，给消费者两个选项。

现实中，面对这两个选项，普通大众更多可能选择第一种，毕竟现如今挣钱也不太容易、哪都得花钱，省一点是一点。

再给大家呈现另一种情景，假如你，同样是男士，进入另一家理发店，进店之后，接待人员告诉你，本店有如下四种服务：

（1）价格 19 元，一位有三年以上从业经验的理发师给您剪。

（2）价格 29 元，一位有五年以上经验的理发师给您剪。

（3）价格 39 元，本店最资深的理发师给您剪。

（4）价格 59 元，店长亲自操刀，为您剪。

这个时候，你会怎么选择呢？您还会选（1）吗？

这个时候，面对（1）选项，我想即使是普通大众也可能会思考："我是这个社会上最差的人吗？""不是吧。"你还可能会想"选（1）是不是太亏待自己了？""每天工作那么辛苦，在四个选项中选（1）太对不起自己了吧？"等。这个时候，你很有可能至少会考虑选（2）或者选（3）。

众多的研究已经证明，这时候，绝大多数的消费者不会再选（1）选项。

分析了消费者的心理，我们再站在企业的角度分析一下。第二种策略并没有明显增加额外的成本。但第二种价格呈现模式会显著地增加企业的总体销售量，因为选（2）的人会明显增多，并且有些人开始选（3）。

事实上，饭店、儿童教育机构、有线电视服务、宽带服务、邮政快递等，是不是都可以参照这种模式来改进自己的价格呈现，进而促进销售呢？

面临多个选项的时候，消费者不会选最贵的，但人们也不想选择最低的。说到这里，我再一次替那些只知道"价格战"的企业担忧。为什么呢？因为根据折中效应，对于同一种产品，当消费者面对多个品牌的选项时，人们并不是偏好价格最低的那一个。

◇ 利用禀赋效应进行促销。

所谓禀赋效应，说的是针对一件商品，一旦你成为它的主人或者对它建立了心理所有权，你对该商品的价值和价格的判断会显著提升，购买它的欲望也会显著地增加。这里提及的心理所有权，指的是人们在心理上感觉某个东西属于自己的一种心理状态。

举一个简单的例子。如你逛街时，一旦看到某个好东西，你开始思考："这个东西要是我的该多好啊！"一旦你这么想，你基本上就建立了对于这件商品的心理所有权。

下面，请你想象一下下面的这个情景：

假如，一个星期六的上午，你，假如是一位女性，在商业大街上闲逛，你听到了某个服装店销售员的吆喝，进了一家休闲服装店。其实在进去之前，你事先并没有计划要买什么东西，只是想逛一逛、试一试。你在销售员"买不买没关系、随便试试"的"怂恿"下，试了一件衣服。结果从试衣间出来的时候，你自己觉得很不错，假如你还有一位同伴，你的同伴也说"很不错"，再加上销售员的吹捧，如"这件衣服简直就是为您量身定做的"。请问，这个时候，你对这件衣服还有"免疫力"吗？很多人如果进入这种情景，我相信最后都会选择购买。

为什么会购买？因为试衣服的过程，加上各个评价者的积极评价，使你建立了对于这件衣服的心理所有权。一旦你对这件衣服建立了心理所有权，你的购买欲望就会被大大激发，你也会更倾向认为这件衣服值钱。

了解了这一点之后，在现实的零售情景下，鼓励消费者多试、多体验，促进消费者对商品建立心理所有权，可能是促进销售的有效方式。事实上，有研究已经证明，哪怕仅仅是简单的触摸，都有助于消费者建立对产品的心理所有权①。

事实上，以电子产品，如手机、平板电脑为代表的众多消费品行业，耗费巨资建立体验店，一方面是为了构建品牌、塑造品牌形象，另一方面就是促进消费者建立对本企业产品的心理所有权，进而提升他们的购买欲望，提升他们对产品的价值感知。

当然，利用禀赋效应还得注意这个过程中存在的潜在的污染效应。什么是污染效应？就是说零售情景下，人们不喜欢被别人摸过的东西。但是，研究还发现，有吸引力的异性摸过的除外②。

◇ 利用心理账户进行促销。

什么是心理账户呢？就是说，如同人们对生活中的物品有分门别类的习惯一样，人们对不同来源的金钱也会在心理上进行归类，在心理上建立各类账户，据此管理自己的消费行为。

收入方面，大家可以想象以下两个1000元：

（1）第一个，辛苦工作挣到1000元奖励；

（2）第二个，买彩票中奖得到1000元。

相比买彩票得到的1000元，相信人们对辛苦工作挣得的1000元会更加谨慎地花。对买彩票得到的1000元，你可能会很随意地花掉。

支出方面，人们会设立诸如基本生活账户、娱乐消费账户、投资理财账户、交通消费账户等。并且，一旦某个账户的钱花光了，人们一般不会挪用其他账户的钱。因为这样的话，就打破了账户之间的独立和平衡，打破平衡会让人心理不舒适。

如何利用心理账户进行促销呢？想要让人们增加对某类消费账户的预算会比较困难。例如，假如我是梨子罐头的生产企业，我想让你每个月为梨子罐头的消费多列支一些预算，显然这是很困难的。但是研究表明，虽然让你增加预算很困

① Peck J., Shu S. B. The Effect of Mere Touch on Perceived Ownership ［J］. Journal of Consumer Research, 2009, 36（3）: 434 – 447.

② 感兴趣的读者可以进一步阅读: Argo J. J., Dahl D. W., Morales A. C. Consumer Contamination: How Consumers React to Products Touched by Others ［J］. Journal of Marketing, 2006, 70（2）: 81 – 94; Argo J. J., Dahl D. W., Morales A. C. Positive Consumer Contagion: Responses to Attractive Others in a Retail Context ［J］. Journal of Marketing Research, 2008, 45（6）: 690 – 701.

难，但是改变人们对某类产品消费所属账户的认知则相对容易。如很多人将梨子罐头的购买作为基本日常消费支出。但是，如果企业搞出礼品包装的梨子罐头，就会有人将梨子罐头作为礼品进行购买。这个时候，就改变了人们对梨子罐头购买所属账户的认知。也就是说，你以前只是将梨子罐头的消费作为"基本生活支出"账户的消费，现在，企业搞出来礼品装的梨子罐头后，你还可能因为需要送礼而购买梨子罐头。

改变产品所属消费账户认知的努力有助于企业促进销售。比如：

（1）雀巢咖啡作为日常消费品不太好卖的时候，雀巢公司就推出了礼品装，这一策略有效地促进了雀巢咖啡的销售。

（2）平日里，很多农村消费者很少购买橘片爽、八宝粥、牛奶等消费品。然而过年、过节需要串门、走亲戚的时候，人们都一箱一箱地购买。事实上，很多消费品现在都推出了礼品装，希望通过这样的策略占据人们"礼品支出账户"的钱。

利用心理账户进行促销的本质，就是思考本企业的产品购买在消费者心理上属于哪一类消费账户。当该产品作为某类账户的消费卖不动时，如作为日常消费账户卖不动时，企业可以思考：我能不能改变一下人们对我的产品所属账户的认知，如改成礼品消费？

进一步，举一个具体的例子。一块价值 5000 元的品牌手表，在平时，你购买的可能性不会太大，在平时购买，属于耗费你"日常消费账户"的钱。但是，大家想一想，换一个场景，假如在你过生日或者马上要过生日的时候，对于一块自己心仪的价格 5000 元的手表，你购买的可能性是不是要大大提升？也就是说，作为普通日常消费品你可能不会购买，但是一旦将这块表作为自我馈赠的生日礼物时，你购买的可能性会大大增加。毕竟，日常消费者账户需要天天往外拿钱，但生日消费账户一年恐怕只拿出一次。

◇ 利用锚定效应进行促销。

什么是锚定效应？就是说，我们在对某个人或某个东西进行评估的时候，我们关于该人或该物的初始特征的认知，会显著影响我们后续对该人或该物的整体评价。换句话说，我们对某个人或物的第一印象，或某个令人印象深刻的属性的认知，会决定我们后续会如何评价该人或该物。

例如，你逛超市，想给自己买两块巧克力，结果发现某品牌的巧克力在包装上赫然标注：

"为了避免肥胖，巧克力的摄入量每周不宜超过 12 块。"

看到这个信息，你原本就想购买个 1~2 块，现在是否会考虑买 3~4 块或者更多呢？因为原先我们一想到巧克力就会联想到肥胖、不健康，这会抑制我们的购买欲望。但是，现在大脑收到信息——"一周不超过 12 块就不会影响健康"，我们不会购买 12 块，但实际购买量肯定不止原先想要的 1~2 块。这里的这个"12"就是我们购买决策时的"锚"，它将我们的实际购买量大大提升。

又如，你去农贸市场买菜，精明的菜农会说："土豆 5 斤 6 元。"你是否会更倾向于回应："那给我来 5 斤。"

换个情境，如果菜农说"土豆 1.2 元一斤"，你是不是最后就买 2~3 斤了事？

前一个信息"土豆 5 斤 6 元"中的"5 斤"无意中发挥了"锚"的作用，将你的购买量"锚"在 5 斤。

两者一对比，你是不是就意识到了锚定效应在促进销售上的神秘力量呢？

实际上，营销学的众多研究已经证实，使用锚定效应进行促销，效果非常显著，最关键的是不需要我们的企业额外增加任何的促销费用。

◇ 设置诱饵项，利用对比效应进行促销。

即在促销目标商品的旁边，放置一个质量或利益不如它但价格相同或更高的商品（诱饵项），让目标商品看起来更有吸引力，从而促进销售。最著名的例子就是经济学家 Ariely 列举的《经济学人》杂志订阅的例子。假如一定周期（如一年）内，订阅该杂志有如下两种定价方案：

方案 A：仅订阅网络版，价格为 59 美元；

　　　　仅订阅纸质版，价格为 125 美元。

在这种方案下，消费者会如何选择？人们会根据对网络版还是纸质版的实际偏好选择。Ariely 教授的研究表明，68% 的人选网络版，32% 的人选纸质版。再看方案 B：

方案 B：仅订阅网络版，价格为 59 美元；

　　　　仅订阅纸质版，价格为 125 美元；

订阅网络版＋纸质版，价格为 125 美元。

Ariely 教授的研究发现，在方案 B 下，没有人会选第二个选项（诱饵项），但选第三个选项的比例占 84%，选网络版的人从方案 A 的 68% 降至 16%。

设置诱饵项，利用对比效应，同样能起到促进销售的作用。

◇ 创造体验感，促进销售。

所谓体验感，是指零售情境下，通过语言或图片的展示，激发消费者对产品的心理模拟（心理上想象使用产品时的情形与结果等），进而促进销售的方法。

例如，在描述产品时，不要提及金钱，而是要提一个更加有利的因素——时间。研究者 Mogilner 和 Aaker（2009）[①] 用柠檬汽水摊做实验，做三个展示不同利益点的广告牌：

● 花一点儿时间，畅饮 C & D 柠檬水。

● 花一点儿钱，畅饮 C & D 柠檬水。

● 畅饮 C & D 柠檬水。

然后询问实验参与者"愿意为广告中的产品付多少钱？"参与者被要求给出一个 1 ~ 3 美元的数值。结果是时间因素胜出——时间组被试给的价格是其他组的两倍。因为时间将注意力转向了产品体验（而不是要花的钱），逼迫消费者建立自己与产品的关联，因此激发了态度与购买决策。在撰写促销文案的时候，请强调消费者使用产品时的美好时光，这不仅会让你的产品看起来更有吸引力，也同时转移了人们的支付痛苦。

类似的例子还有前文提及的名为"文怡家常菜"的微信公众号，在自己的公众号发文推荐价格 1500 元一个的厨房砧板，在只有 10 余万"粉丝"的基础上，只用了 10 分钟就销售出去 1.5 万个[②]。之所以能有如此辉煌的业绩，基于微信公众号的美食烹饪视频和文章分享功不可没。这些视频和文章激发了受众极致做菜体验的渴望。学术化一点说，制作美食的视频和文章分享从心理上唤起了受众购买优质厨具、做出美食的欲望。在这种心理唤起之下，平时不太可能购买的 1500 元一个的砧板就可能付诸购买行为。

---

① Mogilner C., Aaker J. The Time vs. Money Effect: Shifting Product Attitudes and Decisions Through Personal Connection［J］. Journal of Consumer Research, 2009, 36（2）：277 – 291.

② "卖出天价靠的就是心理唤起", https://www.xinli001.com/info/100316209.

以上，都是基于对消费者心理有更好的理解基础之上的促销策略，不需要企业损失什么利润就能有效促进销售。希望我们中国的企业在提升产品与服务质量、做好产品定位的前提下，更多地分析、学习消费者心理，从而开发出更能影响消费者的有效的促销方案。

# 8　移动互联时代的营销创新

## 8.1　移动互联时代营销创新的必要性

人类社会已经从传统的线下世界演化到"线上＋线下"立体整合的移动互联时代。这一时代的重要特征是，人们活跃于移动互联网上，人们时时刻刻通过移动互联网连接彼此。人们依托移动互联网进行社交、购物、休闲、娱乐、安排出行……人们的生活似乎已经离不开移动互联网及与移动互联网相伴随的新鲜事物，如微信、支付宝、今日头条、淘宝/京东、美团/饿了么外卖、高德/百度导航、滴滴打车、哈罗/摩拜共享单车等。

2019 年 6 月发布的《第 44 次中国互联网络发展状况统计报告》呈现的如下数据，较好地反映了移动互联时代的到来：

➢截至 2019 年 6 月，中国互联网网民达到 8.54 亿人，其中手机网民 8.47 亿；互联网普及率达到 61.2%，网民使用手机上网比例为 99.1%。

➢截至 2019 年 6 月，我国网络购物用户达到 6.39 亿人；手机网络购物用户 6.22 亿人。

➢2019 年上半年，我国网民人均每周上网时长为 27.9 小时。

➢2019 年上半年，我国手机网民经常使用的各类 App 中，使用即时通信类 App（如微信）的时间最长，占比为 14.5%，然后依次是网络视频（占比

13.4%）、短视频（占比 11.5%）、网络音乐（占比 10.7%）、网络文学（占比
9.0%）、网络音频（占比 8.8%，指收听网络电台等音频节目）、社交（占比
4.5%）、网络直播（占比 4.3%）、网络新闻（占比 4.1%）、网络漫画（占比
3.5%）、其他（占比 15.6%）。

移动互联网接入流量变化趋势如图 8 - 1 所示。

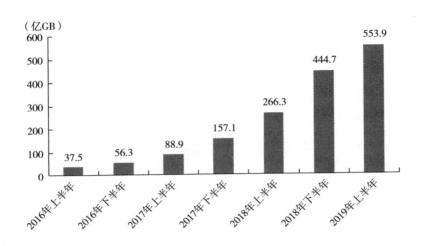

**图 8 - 1　移动互联网接入流量变化趋势**

资料来源：《第 44 次中国互联网络发展状况统计报告》，第 9 页。

此外，非网民人数为 5.41 亿，其中 62.8% 位于农村地区。不懂电脑/网络、
不懂拼音等文化程度限制，是非网民不上网的主要原因。

以上数据表明，超过六成的中国人经常活跃于移动互联网上。人们依托互联
网开展社交、购物、娱乐、休闲等活动。在主体消费者从传统线下世界向线上世
界转移的过程中，企业的营销战略需要充分考虑移动互联网的影响，企业的营销
管理活动也需要相应地向线上进行转移。移动互联环境如何深刻影响企业营销战
略？企业的营销管理活动又该如何向线上转移？

8.2 节将分析移动互联网环境对现代企业营销战略的深刻影响。8.2 节之后
的内容分析企业如何依托当前的移动互联环境开展营销创新。

# 8.2　营销战略创新

　　移动互联时代让企业的经营环境发生了深刻变革，进而深刻影响企业营销战略的制定与实施。企业的营销战略需要相应地进行变革与创新。

　　移动互联网的快速普及让人类社会进入到了大数据时代。内涵上，大数据（Big Data）主要涉及对海量、复杂数据的分析和应用。从最近的发展趋势看，"大数据"这一概念进一步拓展到使用预测技术、用户行为分析技术及一些其他先进数据分析技术从数据中挖掘价值。大数据的极速产生、大数据相关存储与分析技术的快速发展正在重塑当前的市场竞争环境。

　　一些大数据领域的先驱平台企业，国外如亚马逊（Amazon）、谷歌（Google）、苹果（Apple）、脸书（Facebook）、微软（Microsoft），国内如阿里巴巴、腾讯、京东、百度，以及一些新进入者，如 Airbnb（爱彼迎）、Lyft（来福车）、滴滴出行、Uber（优步）、饿了么、美团外卖、摩拜单车等，正在深刻地引领着当今世界的大数据发展"风暴"。这一"风暴"在改变人类生活、消费、娱乐等方式的同时，给各行各业的发展、企业管理的方式带来了颠覆性的挑战。大数据时代，如下战略相关问题值得重新思考：

## 8.2.1　什么是有吸引力的行业

　　根据战略管理领域经典的 I/O（投入/产出）模型①，企业外部环境所决定的行业结构特征，决定企业能否获得竞争优势和超额利润。也就是说，能否找到有吸引力的行业，决定了企业能否获得竞争优势和超额利润。大数据时代重塑了各行各业。例如，基于大数据平台的电商企业的快速崛起，重塑了零售行业，线上零售飞速发展，线下零售寒风凛冽。以支付宝的余额宝、微信的理财通、京东金

---

① 迈克尔·A. 希特等. 战略管理：概念与案例［M］. 刘刚改编. 北京：中国人民大学出版社，2013：15.

融、苏宁金融等为代表的互联网金融产品的快速发展，使传统上有吸引力的银行业遭遇巨大挑战。

当然，大数据时代也带来一些新的有吸引力的行业，如互联网金融、线上线下整合零售、基于大数据的技术服务和管理服务、自动驾驶汽车、精准导航、顺风车、个人健康智能监测装备等。

对此，无论是营销战略还是企业战略制定者，都需要重新思考：传统上有吸引力的行业是否仍然还有吸引力？新的大数据环境下，哪些全新行业真的有吸引力？传统行业能否结合大数据时代衍生出新的有吸引力的行业？

### 8.2.2　什么是企业的核心资源和能力

战略管理经典的资源基础模型①指出：企业获得竞争优势和超额利润的根本，是企业所拥有的关键资源和能力。大数据时代赋予了核心竞争力新的内涵。以前，研发能力、战略性人力资源管理能力、品牌等被认为是企业的核心能力。大数据时代，基于大数据的获取、存储、分析和使用，可能在如下方面给企业带来营销方面的核心能力：

（1）有助于企业获得新的市场洞见，把握市场战略机会，或者创造全新的商业模式。

（2）有助于企业更好地基于顾客需求进行产品研发与设计，更好地满足顾客需求。

（3）基于大数据的供应链与物流管理，提升企业供应链和物流环节效率与效益，更好地服务于顾客价值传递。

（4）基于大数据技术的精准营销沟通，帮助企业准确找到目标顾客，提升营销沟通效果的同时降低营销推广费用。

（5）基于大数据的顾客售前、售后自动化服务与管理，帮助企业更好地维系高价值顾客，提升顾客满意度和忠诚度等。

---

① 迈克尔·A. 希特等．战略管理：概念与案例［M］．刘刚改编．北京：中国人民大学出版社，2013：17.

### 8.2.3 企业竞争的内涵是什么

如果说传统时代的企业竞争是平面二维的、同行业之间的竞争，那么在大数据时代，企业之间的竞争则是三维、四维乃至更高维度的跨界竞争。①

√ 让康师傅和统一方便面销售量急剧下滑的不是今麦郎、白象，而是美团和饿了么等外卖平台。

√ 微信的普及、游戏王者荣耀的火爆，让口香糖行业逐渐衰落，因为以前消费者在超市收银台排队时可能会捎上两盒口香糖，但是现在却在玩微信或者玩游戏。

√ 一元钱随便骑的共享单车，让自行车零售店、自行车修理店甚至出租车遭遇严重冲击。

移动互联网、大数据及大数据分析技术改变了传统企业竞争的基础。一些大数据先驱公司，不仅利用其在大数据获取与分析方面的领先优势改进其核心业务的运营，与此同时，它们还在利用大数据及配套技术开发全新的商业模式，如滴滴出行、美团外卖、哈罗单车、高德顺风车。数据平台的网络效应似乎正创造着"赢者通吃"的竞争格局②，如阿里巴巴、腾讯、京东、百度等在零售、餐饮、金融、技术服务、娱乐影音等各领域的强势表现。大数据时代的战略决策者需要重新认知竞争范式。

### 8.2.4 营销战略创新思路

现代企业需要对以上战略问题有新的思考和认知，据此根据企业既有的行业特征和经营管理模式重新思考自己的营销战略。如下一些思路可供参考：

（1）基于计算机系统和网络平台，不断收集并分析企业顾客的购买、消费、评论等相关的大数据，有助于企业更好地洞察顾客需求与反馈，揭示本企业产品与服务的优势及存在的不足，从而不断地改进产品与服务，不断塑造差异化价值点，更好地吸引与保留顾客。

---

① https：//baijiahao. baidu. com/s？id＝1585951226041058321&wfr＝spider&for＝pc.
② McKinsey Global Institute. The Age of Analytics：Competing in a Data－Driven World ［R］. 2011.

（2）基于大数据的顾客需求洞察，还可能揭示一些新的消费趋势和市场机会，从而让企业在产品开发、市场测试、市场投放上占得市场先机。

（3）基于消费者的大数据分析，能够让企业更精准地对顾客进行市场细分，更好地为细分市场推出差异化的产品和服务。

（4）依托互联网和社交平台重构"线下＋线上"整合的经营模式，依托互联网快速寻找并获取顾客，传递顾客价值，更好地维系顾客。

一提及大数据，很多人认为那是大企业的事情，只有大企业才具有大数据获取、存储、分析的资源和能力。这里需要补充强调的是，中小企业也可以依靠不断地积累，获取关于自己顾客的相对大量级的大数据。在技术层面，不断积累大数据已经没有什么问题。观念层面，中小企业的管理者是否具备大数据相关的战略或管理思维非常关键。具有大数据的战略观念后，中小企业也可以通过对大数据的深度分析，从中获取新的市场和顾客洞察，基于此，不断地改进产品与服务，创造并传递差异化价值，获取竞争优势和可持续发展。

# 8.3 产品设计与开发创新

企业营销管理活动如何从传统线下世界向当前线上世界转移，是一门需要不断分析、研究、总结的学问。本节及后续的内容只是结合当下一些企业的营销管理新实践，初步分析移动互联时代营销创新的一些思路和方法，供其他企业依托移动互联网开展营销管理创新参考。本节先分析移动互联时代企业的产品设计与开发创新逻辑与实践案例。

产品设计与开发的传统逻辑是主要依靠研发/设计人员的聪明才智，为此企业需要向他们支付高额报酬。这一逻辑的可能局限性：一是研发和设计人员的知识体系是有限的，他们可能贡献几个非常富有创意的设计或研发方案，但数量肯定非常有限；二是企业要为他们的创意、设计等支付高昂的报酬；三是优秀的设计、研发人员总是非常有限，企业难以有效获得优秀的设计师和研发人员。

移动互联时代，由于企业与利益相关方（包括顾客、供应商、经销商等）

通过移动互联网实时连接，使企业与利益相关方基于价值共创的方式来设计与研发产品成为可能。

价值共创（Value Co - creation）并不是一个新名词。早在 2000 年，Prahalad 和 Ramaswamy 就在他们发表于《哈佛商业评论》的文章"顾客共创竞争力"（Co - Opting Customer Competence）中提出了"共创"的概念。所谓价值共创，就是通过一系列的管理举措，将企业的不同相关利益方整合到一起，共同探讨价值创造方案（Prahalad and Ramaswamy，2004）。价值共创将相关利益方整合到一起，为企业的价值创造带来了新想法、新思想。

依赖顾客和其他利益相关者的价值共创，可能有效地解决传统产品设计与研发逻辑的局限性。

➤针对第一个局限，数量庞大的顾客和利益相关方的知识储量是巨大的，他们可能为企业的设计与研发方案带来无穷新观点、新思想。

➤针对第二个局限，企业通过移动互联网平台收集顾客或利益相关方的意见反馈，几乎可以免费地获得来自利益相关方的意见和想法。

➤针对第三个局限，只要企业的反馈平台可用，企业秉承真正为顾客创造价值的理念，就会获得众多顾客和利益相关方的反馈和意见。

### 8.3.1 小米手机的案例

实际上，一些领先的企业已经开始着手通过价值共创的方式进行产品设计与研发。国内的小米手机及其配套的 MIUI 系统就很好地利用了价值共创方式来开展设计与研发。

北京小米科技有限责任公司——成立于 2010 年 3 月的移动互联网公司，秉承"为发烧而生"的经营理念，在 2014 年 10 月 30 日便成为仅次于三星公司和苹果公司的全球第三大智能手机制造商①。2019 年 3 月 19 日，小米公布上市后首份年报发布，2018 年实现总营业收入 1749 亿元，同比增长 52.6%，经调整利

---

① http：//baike. baidu. com/view/5738117. htm？from_ id = 1566828&type = syn&fromtitle = % E5% B0% 8F% E7% B1% 3&fr = aladdin.

润 86 亿元，同比增长 59.5%①。小米公司的成功很大程度上要归结为该公司价值共创的设计与研发方式，具体体现在该公司"为发烧而生"的理念。该理念的内涵是小米基于"发烧友"（忠实顾客）设计手机，并以低价向他们出售手机。

小米的创新体现在手机和 MIUI 系统上。小米第一代手机就是依托互联网广泛收集了"发烧友"们对传统手机的吐槽后设计产生。MIUI 系统的设计与不断优化也来自广大用户的持续反馈。实际上，当前小米已经建成了全球最大消费类 IoT 物联网平台，连接超过 1 亿台智能设备，MIUI 每月活跃用户数达到 2.42 亿②。每一代小米手机的改进与优化、MIUI 系统的升级都离不开广大顾客的持续反馈。

掌握庞大的顾客信息数据，通过网络社区等方式与这些顾客实时互动，收集顾客想法、意见并给予及时回应（持续发布新款手机、新版本 MIUI 系统），不断地满足顾客的各类需求，是小米公司极速成长的主要因素。

笔者自 2012 年 9 月第一次购买小米智能手机，一直对小米公司产品保持着较高的满意度。无论是历代小米智能手机，还是电视、智能音箱等产品，都是如此。然而，2019 年初，笔者购买了最新款小米 9SE 青春版，结果使用不到半年，手机屏幕开始出现问题：手机触屏不受控制地乱闪，屏幕内的选项和各类 APP，似乎不受控制地被胡乱点击。笔者第一时间通过小米手机自带的"问题反馈"模块提交了问题，寻求问题解决。结果真是神奇，问题提交之后很短的时间内手机屏幕就不再乱闪。过了一天，屏幕再次出现乱闪的问题，于是再一次进行"问题反馈"，同样是很短时间内，屏幕不再乱闪。接下来的一个多月，再没有发生屏幕乱闪的问题。

然而，上述经历不禁让人猜想：手机依托移动互联网（同小米公司反馈平台）处于实时连接状态，顾客反馈问题之后，公司是否远程对顾客的手机进行了某种修正？要不然笔者反馈了两次问题之后，屏幕乱闪的问题就解决了。

基于顾客价值共创，通过互联网的逻辑收集顾客想法、反馈、建议等，不断

①② https：//baike. baidu. com/item/北京小米科技有限责任公司/3250213？fromtitle = 小米公司 & fromid = 6920940&fr = aladdin#1_ 10.

升级产品和服务，是一种全新的产品设计与研发方式。不过基于小米公司的案例和笔者的亲身体验，在这一过程中对顾客信息和隐私的保护应该成为未来企业关注的问题。

### 8.3.2 MADE. COM 的案例

关于顾客价值共创，这里再分析另一个优秀的公司——来自英国的居家用品经营商 MADE. COM，其主要经营沙发、椅子、桌子、储物设备、床、室内灯具等。该公司没有自己的生产工厂，主要业务就是通过网络在线设计、销售家居用品。当关于某个居家用品（沙发、椅子等）的设计在网络上的评价高，并且有足够多的顾客想要购买时，公司就会委托工厂进行生产，将产品交付顾客。

MADE. COM 运营模式的关键是家居用品的设计方案。方案一方面来自公司的设计师，另一方面还可以来自社会上的其他各类设计师，以及来自顾客自己的设计，即顾客设计方案，然后通过"TalentLAB"模块上传到 MADE. COM。除此之外，顾客及其他任何感兴趣的设计者还可以在 MADE. COM 下面的"Ideas"模块查看他人的想法和创意，寻找灵感。

不管是设计师还是顾客设计的方案，MADE. COM 的注册用户都可以进行评分和评价，评价者会说明某个特定的方案好在哪儿、不好在哪儿。最后，MADE. COM 会将评分高、有一定量顾客购买的方案，委托工厂按照网络上呈现的方案进行生产，然后交付给顾客。

具体地，顾客通过其"TalentLAB"模块（口号是：Where bright ideas get MADE，聪明的想法付诸"制造"的地方)① 浏览来自他人的设计方案及具体介绍，包括产品具体功能、用途、材质构成以及设计者的名字、国籍等。如果浏览之后，顾客觉得产品设计很好，有购买意愿，先只需支付一笔很小的意向金（如5英镑），表明对该设计的支持态度。如果支付意向金的顾客数量达到 MADE. COM 公司预先设定的量，公司就会将该产品委托给第三方生产出来，再交付给顾客。当然，为了吸引顾客积极参与到评价及购买新设计的活动中，MADE. COM 公司会给预先支付意向金的顾客优惠的"早鸟价"（Early Bird Price）。

---

① 感兴趣的读者可详细查阅：https：//www. made. com/talentlab/.

正如该公司网站所说："当你在 TalentLAB 上购物时，你不仅仅在支持一个新的设计，你还可能以低于网上'标价'的价格，获得原创设计的产品。对于感兴趣的设计，你只需支付一个小额的'意向金'。如果有足够多的顾客支付意向金，我们就将该产品生产出来，然后在你支付余下费用之后交到你的手中。"

这是一种典型的整合各个来源的设计师、顾客智慧的价值共创方式。这种运营方式让 MADE. COM 能够将家居用品的设计到销售压缩到只有四个月时间，同时保障公司能够每周就能发布两款新品方案，最终能够让顾客以相对低的价格获得具有创意的、高端设计的家居产品。

实际上，当顾客在浏览 MADE. COM 时，针对每一种家居产品，都能够看到各种富有创意的、新颖的产品。如笔者在 2019 年 10 月 2 日当天在 MADE. COM 浏览"Sofas"，就能看到 321 种不同设计的沙发产品；浏览"Chairs"，能看到 394 种不同设计的椅子产品；这都还不算同一设计下的不同颜色的产品。感兴趣的潜在顾客很有可能就找到一款自己喜欢的产品。

### 8.3.3 乐纯榴莲酸奶的案例

7.4 节提及的乐纯公司，也学会了通过与顾客价值共创的方式来不断地进行新产品研发。乐纯公司的口号就是：一盒所有人一起创造的酸奶；一种所有人一起创造的健康生活方式。

乐纯公司研发出的世界上第一款榴莲酸奶的创意，就来自乐纯用户中榴莲的深度爱好者。该款产品从研发到正式上市经历了 10 次以上的不断试吃、50 位美食达人的不断建议和反馈，试验了 200 盒试验品。

产品研制过程中，乐纯公司依托各大社交平台挖掘对榴莲有着强烈热爱的人，然后招募试吃团，最终在广泛的用户参与和协助下诞生了爆款口味酸奶——乐纯榴莲酸奶。从创意产生到产品正式上市只用了三个月的时间[①]。写到这里，

---

① "案例｜打破传统渠道运营思路，2 年多将一瓶酸奶打造成 10 亿新品牌"，https：// mp. weixin. qq. com/s？＿＿biz＝MzIzMjA4NTkyNA＝＝&mid＝2247484833&idx＝2&sn＝fee5b1f6f6d09c65b53a 04d2187cc719&chksm＝e89b056adfec8c7c23d83a5729be96e8ce5205cb7ac3bf2a8ff9dd90b2be171bdedefd8fd77e& mpshare＝1&scene＝23&srcid＝0926IdKWtAyMSHzTt49ar0dV&sharer＿sharetime＝1570059723210&sharer＿sha- reid＝8ecbafd68454bf2f9e50d6200b6a9fe4#rd.

笔者不禁登录乐纯天猫旗舰店，购买了包含乐纯 12 种口味酸奶的套餐（价格 199 元）。

### 8.3.4 小结

那些未来能够向诸如小米、MADE. COM 及乐纯这类优秀企业学习，整合各利益方智慧进行设计、创新、价值创造的企业，将更有可能具备市场竞争优势。集合各利益相关方尤其是顾客，依托价值共创方式进行设计与创新，将是未来企业产品设计与研发的主流方式。通过这样的方式研发出来的产品也更可能获得顾客青睐，赢得市场成功。

## 8.4　品牌塑造创新

关于品牌塑造创新，在 5.3 节讨论"贯彻'品牌导向'的策略"时，已经分析过移动互联时代企业品牌塑造的新逻辑和新策略。这里进一步通过对两个案例的分析，介绍当前市场环境下的企业品牌塑造创新策略。第一个案例是企业主导的推广路径，第二个案例是意见领袖主导的推广路径。

### 8.4.1 百雀羚逆天的长图推广《一九三一》

2017 年 5 月初，一组百雀羚的"与时间作对""一镜到底"的长图广告《一九三一》在广大中国人的微信朋友圈中刷屏[①]。长图广告的大致内容是：一上来，一位妙龄女性背对着一扇有着历史年代感的窗户（妙龄女性图片向来是社交媒体上吸引读者的重要内容），第二张图（动图）中该女子涂抹口红，第三张动图中女子将手枪插入绑在大腿上的枪袋中（立即会让人联想到谍战剧）。以上图片信息及信息呈现的方式一下子激发了读者的好奇：妙龄女子接下来要做什么？

---

① 感兴趣的读者可以阅读详细内容：https：//mp. weixin. qq. com/s?＿＿biz = MjM5OTI5MTczNA ＝ ＝ & mid ＝ 2652332677&idx ＝ 1&sn ＝ 089646c5b5a019d44d93ec22166ed4f1&chksm ＝ bcde7cbc8ba9f5aa2f3c52aa5e 738aab2c37a8ea3614bfe2556dde90ca918382fdae98731561#rd.

接着往下看图，长图展示的是 20 世纪初老上海具有生活气息的场景，场景中包含了当时的主要社会元素：游行、支持国货、抵制洋货、打黄包车等。紧接着，长图展示了妙龄女子与一位蹲在地上、头戴礼帽、看报纸的男性的接头画面，并配以文字："万事小心""请组织放心"。

接下来的长图是关于老上海文化、历史、中西差异等的一些细节介绍。之后，又出现了妙龄女子与之前接头男子的再一次隐秘接头："目标已确定、六点钟方向""明白"。后续长图继续介绍关于民国初期关于婚姻、服饰购买文化、国人留学趋势、中国高等教育发展等。

然后，再一次在百灵大剧院门口，出现了妙龄女子与接头男子的碰面："随时准备行动。"长图的最后，在有人喊"开枪了、快跑啊"的画面之后，是妙龄女子开枪的画面，以及手枪瞄准的方向、子弹行进的路线。子弹最后指向长图下面的目标：一个穿着黑色服装、似人非人的目标倒在血泊之中，该目标的中心配以文字——"时间"。再往下滑长图，妙龄女子道出谜底："我的任务就是——与时间作对。"最后再配上百雀羚商标与介绍——"百雀羚，始于 1931，陪你与时间作对"，以及百雀羚为即将到来的母亲节（2017 年 5 月 14 日）特别推出的母亲节特别定制款——"月光宝盒"。

看到最后，虽然明白是一则广告，但整个浏览过程不让人厌烦，反而充满好奇、兴趣，还让人了解到很多民国初期老上海相关的知识。于是很多消费者看过之后，还主动在自己的微信"朋友圈"中转发。

据统计，百雀羚在微信上发起的上述长图品牌推广活动耗费 300 万元左右。虽然据说只在天猫等电商平台上为其带来了 80 万元左右的销售业绩[①]，但为推广百雀羚品牌发挥了积极的作用。该长图广告在加深中国消费者对百雀羚品牌的了解（对应品牌知名度）、认知（对应品牌联想）等方面发挥了极大的促进作用。

仅微信公众号"4A 广告门"关于该长图广告的介绍文章，阅读量很快突破"10 万＋"，并引来大量微信账号的评论与点赞。排名第一的评论"做个调查，因为这个广告会买百雀羚的给我点个赞哈，谢谢啦！"获得 3.3 万个"赞"。在

---

① 数据来源于 2019 年 9 月辽宁大学商学院举办的"辽商论坛第 2 期"上辽宁大学商学院李四化博士的分享。

微信公众号"局部气候调查组"上的阅读量也是"10 万 +",阅读量超过400 万。

以上事例表明,企业无论是自己设计还是委托第三方,设计出有趣的、吸引人的传播内容,无论是短视频还是长图,都可能引爆社交网络,极大地推广企业的产品和品牌。相比传统的广告、赞助等方式,上述例子中企业主导设计"有趣传播内容"的费用都极为低廉,但收获的传播效果甚至不亚于传统的传播推广方式。这给现代企业,无论是大企业还是中小企业的启示是:一定要了解互联网、了解现代社交网络,自主策划或联合第三方策划有趣的推广内容,从而以超高的性价比实现有效的品牌推广与传播。

### 8.4.2 "网红"李佳琦的威力

1992 年出生的湖南人李佳琦,舞蹈专业毕业后阴差阳错地成为欧莱雅的柜台彩妆师。入职不久,在欧莱雅培养"网红"的活动中,经过层层选拔,最终从 200 名彩妆师中脱颖而出,开启网络直播生涯,成为现如今拥有 1734 万粉丝的"网红"。被粉丝称为"口红一哥"的李佳琦,在 2018 年的"双十一"期间,曾经创下 5.5 小时销售 353 万、5 分钟售罄 1.5 万支口红的辉煌战绩[①]。在网络上火了之后,一些一线大品牌如迪奥、GUCCI、雅诗兰黛、兰蔻等纷纷找其在网络直播时"带货"。

诸如李佳琦这样的"网红",本质上属于对消费者的购买决策具有重要影响的"意见领袖"。依靠现代社交媒介的直播活动,能够在品牌推广方面发挥积极的作用。当然,企业找像具有李佳琦这样知名度(具有千万级的粉丝)的"网红"进行带货或推广品牌同样需要巨额花费,同样是中小企业所不能承受的。但这种推广方式对中小企业具有重要启发。一方面,中小企业也可以依托社交媒介,如抖音、快手及微信、微博等在自己的员工中努力培养"网红",或者企业培育自己的微信公众号、官方微博,在这一过程中不断推介企业品牌。另一方面,企业可以与具备一定影响力的"网红"或者微信公众号合作,如粉丝十几万或几十万的"网红"或公众号,依托他们的影响力在一定的范围内推广品牌

---

① https://baijiahao.baidu.com/s? id = 1632422969469969785&wfr = spider&for = pc.

与产品。这样的推广运作费用比传统的广告等也会小很多。

当然，"网红"或公众号类型的选择非常重要，一定要是能有效接触到本企业产品与品牌目标顾客的"网红"或微信公众号。另外，网红的直播内容、公众号的传播内容应该与品牌的价值主张相匹配，至少不能有冲突。如品牌口号主要强调"功能联想"的品牌，与"理性思维"类型的网红或公众号（如"罗辑思维"）合作可能更匹配。品牌口号强调"心理联想"的品牌，与感性类网红或公众号（如"李月亮"）合作会更匹配。

# 8.5 渠道（模式）创新

8.1 节已经分析过，在当今社会，众多消费者的购物、休闲、娱乐等活动都已经转移到移动互联网上。据此，现代企业获取顾客的渠道应该创新性地向互联网转移。那么，传统企业如何依托互联网进行创新性转型？这里通过荣昌 e 袋洗的案例分析对此进行探讨。

## 8.5.1 荣昌 e 袋洗简介

荣昌 e 袋洗是一家传统的线下洗衣连锁企业，近年来，利用现代线上工具，也就是微信、企业 App、移动支付等，成功实现了"线下 + 线上"整合，已经转型成为一家基于移动互联网的洗衣公司。

## 8.5.2 荣昌 e 袋洗的转型流程

那么，荣昌 e 袋洗是如何实现转型的呢？荣昌公司从传统洗衣店模式转型为基于互联网的洗衣公司的过程，可以通过图 8 - 2 至图 8 - 4 分别展示。

图 8 - 2 反映的是传统洗衣店的特征。

传统上，每个洗衣连锁店，都需要租用一个优质、临街的门面，需要一套价值不菲的设备，需要一位称职的店长，需要雇用几名合格的员工，每个门店的开业都需要走一次环保等审批手续。这样的话，传统洗衣店就面临优秀店长缺乏，优

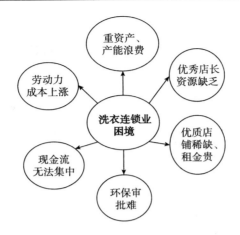

**图 8 - 2　传统洗衣连锁行业面临问题**

质店铺稀缺且租金高，设备使用率不高、产能浪费，环保审批等行政手续难，各个门店各自为政、现金流无法掌控，劳动力成本高等经营问题。

　　另外，从顾客的角度，传统洗衣店还存在价格较高、洗衣等待时间长的问题，如在沈阳，我们一般需要等 5～6 天才能洗好；还有送衣服、取衣服时间也不方便，如传统洗衣店一般 8：00 开门，晚上六七点关门。

　　为了应对传统洗衣店面临的上述问题，荣昌公司 2004 年就开始谋求基于互联网的转型，通过不断地摸索，创造了图 8 - 3 所示的荣昌"1 带 4"＋联网卡的经营模式。

　　什么是"1 带 4"模式呢？所谓"1 带 4"，指的是 5 个门店中，只有 1 个是传统意义上的洗衣店，这个店负责分拣、洗衣、配送及配套的管理等工作，另外 4 个店只负责揽件，也就是收衣服，以及配送洗好的衣服。

　　"联网卡"模式就是荣昌公司通过推广、配售洗衣联网卡，将分布于全国的所有门店联网，这样就控制了所有门店的现金流。

　　"1 带 4"＋联网卡模式的优点如下：

　　（1）5 个店只需要 1 个店长负责管理，这样就节约了优质的店长资源。

　　（2）只需 1 套设备，另外的 4 个店只负责收衣服、送衣服，这样就节约了设备，提高了产能利用率。

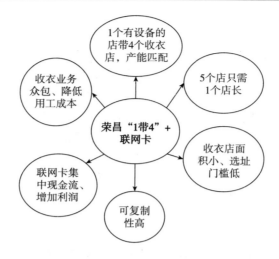

**图 8 - 3　荣昌 "1 带 4" + 联网卡模式**

（3）收衣店的门店没有了要临街、要有较大面积等要求，一个小面积的、不起眼位置的门店就可以，这样就节约了租金，因为它主要是通过网络获取顾客，所以对门店的位置没有严格要求。

（4）收衣店揽件，也就是收衣服，以及送衣服的业务，都可以像接送快递那样众包出去，业务员只需拥有一部智能手机，然后接受公司基本的培训就可以上岗，这样就节约了用工成本。

（5）这种模式的可复制性非常高，一个区域的经营很容易复制到另一个区域，这有助于企业快速发展壮大。

（6）联网卡让公司总部控制了所有门店的现金流，不至于发生下级门店"跑路"、控制不了的情况。

在创造了 "1 带 4" + 联网卡的经营模式之后，荣昌公司于 2010 年开始抓住移动互联网在中国爆发的机会，进一步进行转型，于是就有了图 8 - 4 所示的荣昌 e 袋洗的 O2O 经营模式。

通过这样的变革，2013 年，一个由腾讯、经纬中国、SIG、百度等联合投资的，真正意义上的依托互联网的洗衣公司——荣昌 e 袋洗就诞生了。

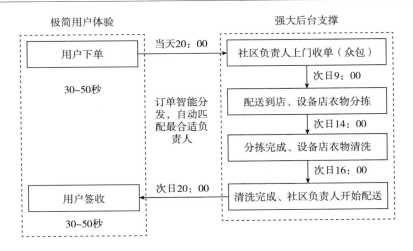

**图8-4 荣昌e袋洗的O2O模式**

资料来源：根据"张荣耀：一家洗衣店的互联网革命"，http://news.paidai.com/15715 整理形成。

用户通过荣昌e袋洗的微信公众号或App下单，短时间内就会有人上门取件，然后再经过一天的分拣、清洗、配送，干净的衣服就能到达顾客的手中。在顾客这边，只有下单、签收两个极其简单的操作，然而在荣昌公司那边，则有众包、分拣、清洗、配送等强大的后台业务作支撑。

通过不断地转型、变革，荣昌公司由一家传统的洗衣连锁企业真正转型为依托互联网的新公司。新的荣昌e袋洗不仅仅在线上渠道寻找顾客，更是通过互联网完成了整个企业运营的根本改造。这样的转型升级，一方面为顾客带来了更好的体验、提供了更好的洗衣服务；另一方面也极大降低了企业的经营成本，提高了企业的经营效率和效益。

事实上，到2015年4月25日，荣昌e袋洗的单日订单量已突破10万单，创造了洗衣行业史上的新纪录①。目前，e袋洗已经在北京、上海、深圳、杭州等全国30多个城市开展业务。

荣昌e袋洗转型的案例告诉我们，现代市场环境下，传统企业需要依托互联网创新地进行升级、转型，一方面积极通过线上渠道寻找、获取顾客，另一方面

---

① https://baike.baidu.com/item/e%E8%A2%8B%E6%B4%97/16956459?fr=aladdin.

依托互联网来升级企业的经营管理模式，提升经营效率和效益。

在未来，我们认为，积极寻求转型升级、搭上互联网这条大船的企业更有可能得到发展机会，而不思进取的企业则会被淘汰。

# 8.6　促销创新

7.5 节分析"促销策略的科学问题"时，已经讨论了很多促销相关的创新理论和方法。这里进一步分享几个小案例，希望能为中国企业开展更有效的促销提供更多新启发。

### 8.6.1　喜力啤酒的集赞活动

2011 年，喜力啤酒曾经依托其官方 Facebook 账号，搞了一场别开生面的促销推广活动。活动的大致内容是：喜力啤酒公司在 Facebook 上发布，如果三天之内能够集齐 100 万个"赞"（Like），将会组织一支"热辣靓女团"去线下酒吧跟广大"酒友"热烈拥抱。如果你是"酒友"，在微信朋友圈看到类似的活动，您会怎么想、怎么办？是不是想想都激动，上来就点个"赞"？

事实上，喜力啤酒 6 小时内就集齐了 100 万个"赞"，充分依靠社交平台调动了广大"酒友"参与活动的积极性。

接下来，喜力公司需要兑现承诺，为此需要招募"热辣靓女"，并组织她们去线下酒吧与广大"酒友"拥抱。于是，喜力公司进一步在社交平台发起"你最想和谁拥抱"的活动，进一步吸引了广大用户的参与，最终在广大"酒友"的参与下遴选并招募到一支热辣的"靓女团"。喜力公司组织她们赴一些主要城市的主要酒吧、夜店等与广大"酒友"热烈拥抱。

整个活动过程中，喜力公司的组织者用摄影机记录了众多有趣的画面，并进一步剪辑成了短视频，在网络上投放[1]。这些有趣的短视频进一步在视频网站、

---

[1]　感兴趣的读者可以上优酷观看，https：//v. youku. com/v_ show/id_ XMjUxNjg0NzMy. html.

社交媒体上引发了大量的观看和评论。

　　整个活动过程，喜力啤酒公司需要有所花费的地方可能只是招募"热辣美女团"这一环节。相比传统的广告、降价促销，集"赞"促销的影响力更大、成本更低，顾客参与的积极性更高、效果更好。

### 8.6.2　百度地图＋麦当劳"樱花甜筒跑酷"活动

　　2014年9月下旬，百度联合麦当劳搞了一场"樱花甜筒跑酷0元抢"的促销活动。活动的大致内容是：麦当劳公司提供其新产品"樱花甜筒"，百度公司结合其LBS大数据分析和智能推送技术，匹配麦当劳店周围3公里的百度地图用户，挑选一部分并向其推送"樱花甜筒跑酷0元抢"的优惠信息。具体地，被挑战的用户打开百度地图，或者使用"附近""搜索"等功能，能看到一个粉嫩清新、漂浮在地图上的樱花甜筒标识。

　　如果用户感兴趣，点击开，同意参与活动，麦当劳线下店会立即为用户准备好一个"樱花甜筒"，百度地图则会向用户推荐一条快速去往麦当劳店的路线，供用户快速前往，并提醒用户在规定的时间内到达麦当劳店，否则冰激凌甜筒要融化了。这一活动吸引了很多用户参与，活动页面访问量超过2000万，50多万次分享，社交媒体上阅读量近7000万，并荣登新浪微博搜索热门排行榜。[①]

　　整个活动过程中，麦当劳的新产品"樱花甜筒"在不搞街头试吃的情况下快速爆红。而百度地图在整个活动过程中也得到了很好的宣传与推广。

　　与喜力啤酒集"赞"促销类似，百度地图和麦当劳的"樱花甜筒跑酷0元抢"的活动也是低成本耗费。百度公司几乎是零成本投入（给参与活动的负责人、技术员工多加几个"鸡腿"），麦当劳公司也只是投入了一些"樱花甜筒"，但在促销的成效方面则是巨大的。

### 8.6.3　家安空调消毒剂的短视频促销

　　家安牌空调消毒剂是上海家化公司旗下的创新产品，主要用途是解决空调机散热片污垢清洗的问题。家庭或办公等场合装完空调，时间长了之后，散热片就

---

　　①　http：//mi. techweb. com. cn/2014－10－13/2082738. shtml.

会积攒大量污垢和细菌。传统的清洗、消毒方式是拆卸相关设备，然后清洗，这样需要专业人士的专业服务，费时、费力、费钱。

针对这一问题，上海家化公司开发了新产品家安牌空调消毒剂。产品外形包装就像传统的蚊虫喷雾剂，里面装的是泡沫状的溶污消毒剂。用户只需将空调机断电、找到散热片喷上家安消毒剂，15 分钟之后以制冷模式开启空调 15～30 分钟，散热片就会得到有效清洗，污水随导水管有效排除，杀菌率达到 99.99%，使用非常方便，并且能够有效解决空调散热片污染对机器的危害，如制冷效率下降、耗电量增加、故障率增加、噪声严重、使用寿命降低，还能有效解决空调散热片污染对人体的危害，如空调病、呼吸道传染病、过敏性肺炎、皮肤过敏①。

针对这样一款非常有用的新产品的推广，传统的推广逻辑（投广告、搞赞助等）需要耗费大量财力，但公司并不具备这样的财力（或者不想按照传统的逻辑推广）。于是上海家化公司针对当时的市场环境——视频网站（优酷、土豆等）流行、人们喜欢主动观看视频网站上的有趣短视频，创新性地围绕产品与品牌特点，主导拍摄了有趣的短视频——"家安空调清洁剂　国内谍战剧爆笑恶搞！"②（时长 4 分钟，本质上是广告）短视频结合当时的热门话题——谍战剧、咆哮体、私奔体等，将家安空调消毒剂产品的特点、用法等有趣地呈现了出来。

据统计，该短视频的拍摄耗费 20 万元左右，但上传到当时的主要视频网站后，引发了大量的观看、转发、评论，所覆盖的收视率相当于在中央电视台打半年的广告③。企业以相对小的费用主导拍摄短视频，然后放到视频网站传播，获得了极大的促销推广成效，这值得众多中小企业开展产品推广与促销时借鉴。其中的关键是，短视频或其他形式的策划内容一定要有趣，要让人们有主动参与进来的欲望。

### 8.6.4　小结

以上列举的促销创新都有共同的特征：依托互联网社交平台、内容有趣、能

---

① 百度百科"家安空调消毒剂"，https：//baike. baidu. com/item/家安空调消毒剂/2236311？fr = aladdin.

② 感兴趣的读者可以观看，https：//tv. sohu. com/v/dXMvNTMzNTgzNDEvMTU0OTg3MDQuc2h0bWw =. html.

③ 复旦大学管理学院金立印教授在 2016 年辽宁大学商学院 MBA/EMBA 发展高层论坛上的分享。

吸引消费者主动参与进来，低成本、收效巨大。给现代企业尤其是中小企业的启示是，一定要解放传统思想，学习移动互联时代的新观念、新逻辑、新方法，创新性地设计有趣的、能让消费者主动参与的促销推广活动。移动互联时代，无论是产品促销，还是品牌推广，只要企业不断学习和创新，设计并实施有趣的、创新的推广活动，就可能以极低的成本让产品与品牌得到极大的推广。